PRÓPRIA CARNE

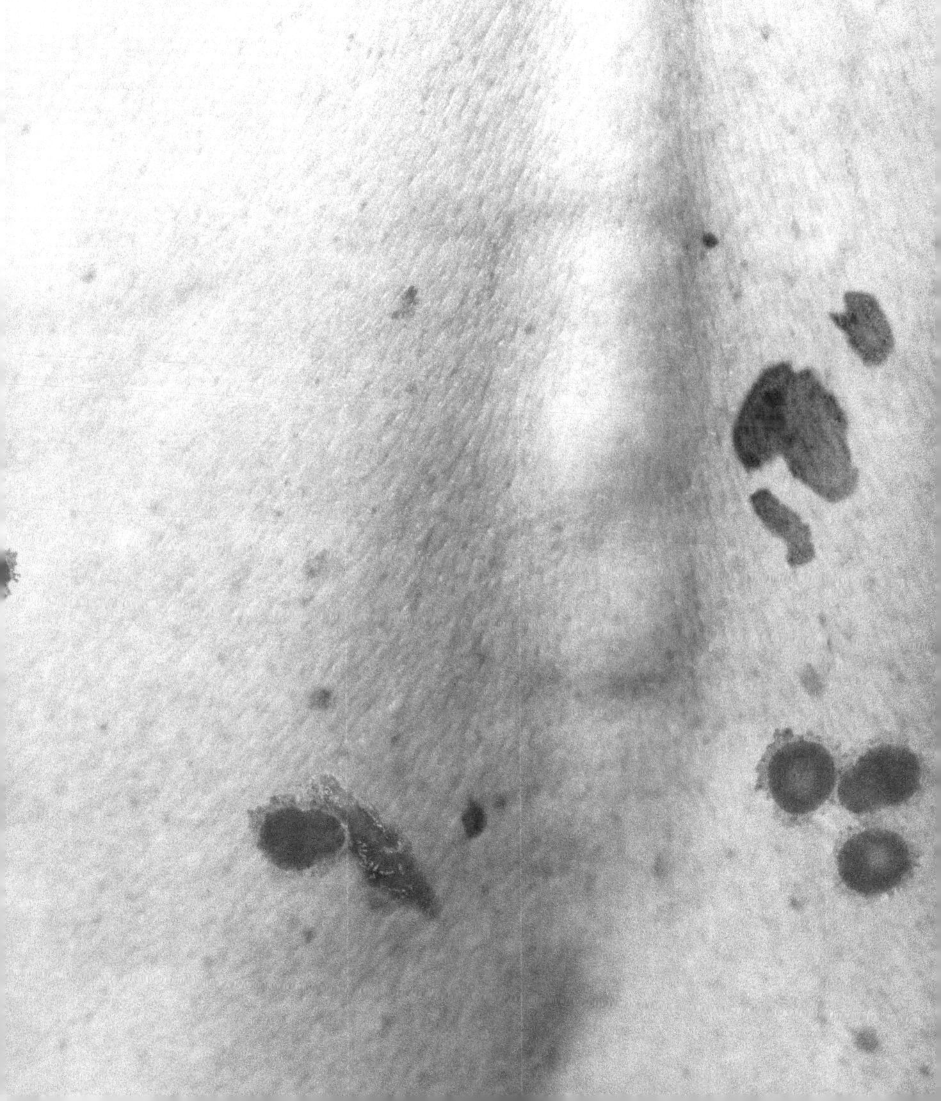

PRÓPRIA CARNE
© Almedina, 2023
AUTOR: Newton Cesar

DIRETOR DA ALMEDINA BRASIL: Rodrigo Mentz
EDITOR: Marco Pace
EDITOR DE DESENVOLVIMENTO: Rafael Fulanetti
ASSISTENTES EDITORIAIS: Larissa Nogueira e Letícia Gabriella Batista
ESTAGIÁRIA DE PRODUÇÃO: Laura Roberti

REVISÃO: Élcio Carvalho
DIAGRAMAÇÃO E DESIGN DE CAPA : Newton Cesar
FOTOS DA CAPA E MIOLO: imagens a partir de fotos de Ron Lach; Cdc (Pexels) e Freepik

ISBN: 9788563920263

Maio, 2023

Dados Internacionais de Catalogação na Publicação (CIP)
(Câmara Brasileira do Livro, SP, Brasil)

Cesar, Newton

Própria carne / Newton César. -- São Paulo : Minotauro, 2023.

ISBN 978-85-63920-26-3

1. Ficção brasileira 2. Vírus I. Título.

23-146817 CDD-B869.3

Índices para catálogo sistemático:
1. Ficção : Literatura brasileira B869.3

Eliane de Freitas Leite - Bibliotecária - CRB 8/8415

EDITORA: Almedina Brasil
Rua José Maria Lisboa, 860, Conj.131 e 132, Jardim Paulista | 01423-001 São Paulo | Brasil
www.almedina.com.br

NEWTON CESAR

PRÓPRIA CARNE

MINOTAURO

"QUE LUGAR É ESSE QUE, POR MAIS QUE EU ESTIQUE A VISTA E TRAGA O HORIZONTE PARA DENTRO DOS MEUS OLHOS, NÃO VEJO ANIMAIS, NÃO ESCUTO OS PÁSSAROS? QUE TERRA É ESSA QUE, APESAR DE ÁRVORES E PLANTAS, DELAS NADA SE PODE COMER?"

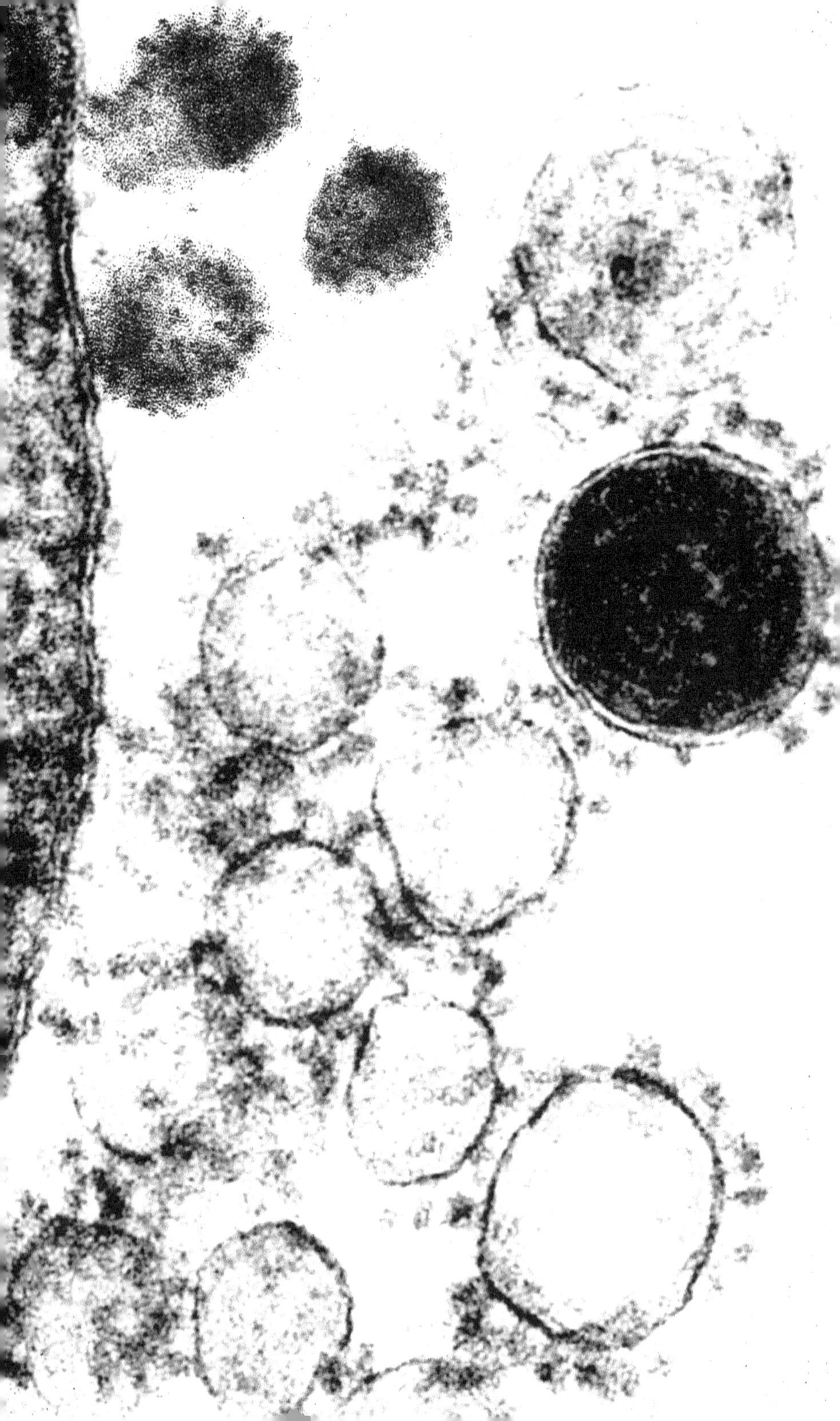

1

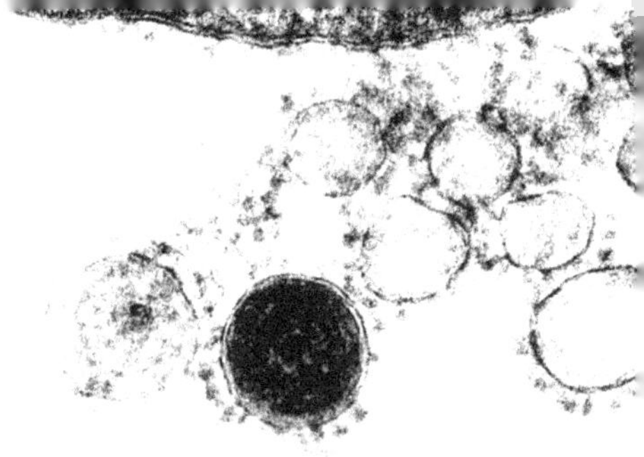

Uma unida a outra. As duas, uma só. Ora de mãos dadas, ora abraçadas, eu e a mãe, ligadas pelo cordão umbilical nunca cortado, na maioria das vezes éramos sorrisos e emoções dilatadas ao estampar alegria em nossas faces. Até que eu descobrisse que a dor convivia às escondidas com ela, que o sofrimento lhe mastigava as entranhas feito animal faminto, meus dias não colidiam com lágrimas doloridas demais. Mesmo quando a mãe me repreendia e o choro me salgava os olhos, esse choro nunca, nunca me avinagrava a alma.

A mãe dividia-se em amor. Meus irmãos e meu pai recebiam suas partes. Ao pai, beijos de vez em quando. Sempre escondidos de nós, também sussurros noturnos que eu e as paredes ouvíamos e jamais comentávamos. Pedro, o do meio, tinha sua parcela de amor revertida em cuidados, preocupações. Beijos e abraços? Quase nunca, embora ela realmente gostasse dele. João, o caçula, seis anos de peraltice, ganhava aconchegos, afabilidades redobradas. A mãe o adorava. Amava-o, a bem da verdade. Acontece que amores não são iguais. Eu sei. Eu sentia. A porção de carinho que eu recebia, talvez por ser a menininha da casa, era indiscutivelmente maior. Assim, por acreditar que o amor da mãe era mais meu do que dos outros, meu coração ficou apertado, esmagado, como se chumbo estivesse sobre minha pele, músculos e ossos, quando a espiei ajoelhada nos fundos de nossa casa, chorando copiosamente, mas em silêncio, sofrendo escondida. O único som que eu ouvia era o da terra sendo remexida. A mãe, com uma das mãos, agarrava-se ao barro, esmagava-o entre os dedos e o levava até o rosto, espalhando-o. A impressão que tive foi a de que ela desejava incorporar terra aos poros. Sua outra mão segurava a Bíblia junto ao peito e entre soluços contidos a mãe quebrava a quietude cochichando ao Senhor: "Por que, Deus? Por quê?"

"No tempo em que o Senhor Deus fez a terra e os céus, não existia ainda sobre a terra nenhum arbusto nos campos, e nenhuma erva havia ainda brotado nos campos, porque o Senhor Deus não tinha feito chover sobre a terra, nem havia homem que a cultivasse; mas subia da terra um vapor que regava toda a sua superfície. O Senhor Deus formou, pois, o homem do barro da terra, e inspirou-lhe nas narinas um sopro de vida e o homem se tornou um ser vivente"[1].

Seriam estas passagens de Gênesis lidas pela mãe naquele dia em que se misturou à terra?

Eu não fazia ideia. Talvez fossem. Sei, hoje, que fazem sentido, pois são metáforas para o que veio depois. Naquele sábado, eu nada entendi. Já era uma adolescente, achava-me esperta para uma porção de coisas, mas nada entendi. Foi necessário o caos começar a agarrar e espremer as suas raízes em nossas vidas – e na de todos – tempos depois, para que eu compreendesse que a mãe fora invadida pela tristeza porque ela sabia que outra maior viria. E seria insuportável.

Aquela terra onde éramos felizes em breve não nos alimentaria mais. Nem a nós, nem a ninguém.

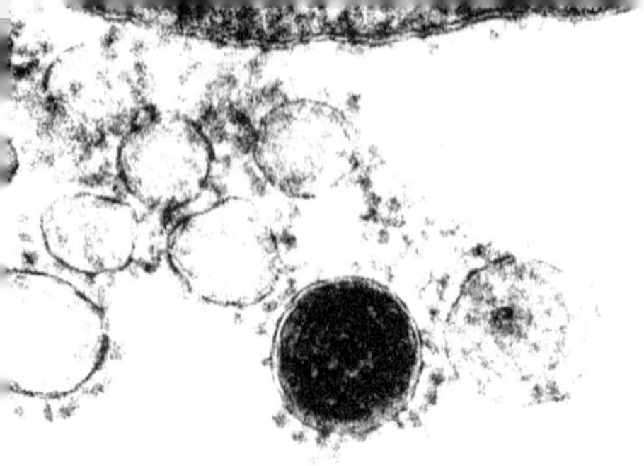

2

Ao caminhar nas ruas, o povo desviava dos mortos. O intuito era o de afugentar, não somente a visão dantesca, mas o cheiro nauseabundo que agredia as vidas. A catinga e o cenário do inferno, porém, não se desfaziam. Carroças de madeira transportavam cadáveres a serem empilhados em valas ou em alguma rua menos povoada. Com o cemitério a céu aberto, a dança da morte acontecia. Era como se esqueletos bailassem entre vivos e mortos. Muitos mortos. Cinco mil por dia. No fim, cem milhões, talvez mais, morreriam. Impressa nos corpos, a realidade era um quadro macabro, surrealista. Bolbões, caroços, inchaços disformes, gangrenas escurecendo a pele.

— Por que as pessoas ficaram desse jeito, mãe?

— Foi a Peste. Uma doença terrível.

— Deus estava punindo as pessoas?

— A Bíblia diz que aqueles que pecam, serão castigados.

— Mas Deus não perdoa?

— Sim, filha, perdoa. — A mãe passou uma das mãos em meu rosto e esboçou sorriso sem graça, bem mixuruca. Depois, continuou: — Mesmo assim, castiga. Mas o castigo de Deus, minha menina, é justo.

Justo? Eu não vi justiça nenhuma em milhões de pessoas morrerem daquela doença antiga que a mãe me detalhava. Ainda que a penitência pela doença fosse o arrependimento e o autoflagelo, não havia justiça na morte. E quando ela disse que em tempos de guerra cadáveres infectados eram lançados contra os inimigos, e que gente recebendo chicotada, sendo massacrada ou linchada, era comum de se ver, regalei os olhos. Minha imaginação deu vida a cada acontecimento de maneira tão real que falei para a mãe que já não precisava contar mais nada. Ela, a despeito do meu pedido, continuou a sua narrativa. Da Peste, passou pela Gripe espanhola; a Covid-19. E finalmente finalizou:

— Nenhuma dessas pandemias foi tão terrível quando a que está por vir, Maria. Nenhuma. Temos que nos preparar para o sofrimento.

A mãe disse isso com tranquilidade. Estranha tranquilidade. Pode ser que aceitasse os pesares como se fossem os planos de Deus para nós. Pode ser.

Hoje, ao me deparar com tais lembranças, pergunto-me: "Nos preparar para o sofrimento? Ela estava preparada para o sofrimento, ainda que se apoiasse no Evangelho?"

A mãe, em nossa frente, era fortaleza. Pelas costas, lá no fundo da casa, era fragilidade. Então, não. Ela não estava preparada.

Ninguém no mundo estava.

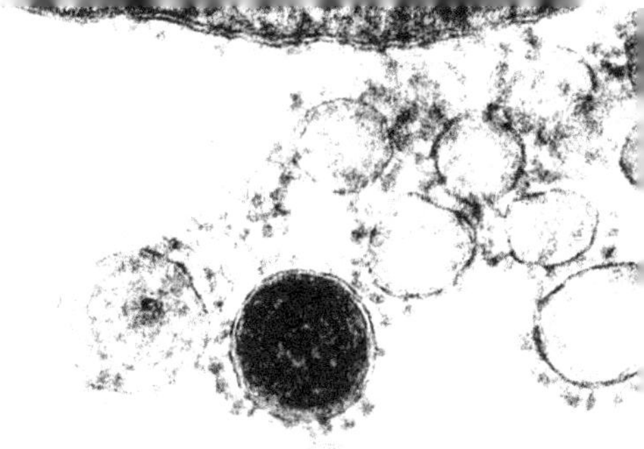

3

Em homenagem ao Senhor, ou quem sabe seja somente por influência das palavras sagradas, a mãe nos deu nomes bíblicos. Ela mesma, Isabel, carrega a história do Livro Sagrado em sua identidade. Disse-me, certa vez, enquanto me escovava os cabelos cor do cobre, que era uma "consagrada de Deus". Contou-me que Isabel era a mãe de João Batista e mulher de Zacarias. Um dia, seu esposo recebeu a visita do anjo Gabriel e este lhe anunciou que Isabel daria à luz um filho. "*Zacarias, não temas, porque a tua oração foi ouvida, e Isabel, tua mulher, dará à luz um filho, e lhe porás o nome de João*".

— Está em Lucas, capítulo um, versículo treze — disse a mãe.

Eu sorri. Entendi, naquele dia, o motivo do meu irmãozinho se chamar João.

Razão maior para nossos nomes bíblicos, somente agora, que estou mais crescida, entendo. Mais do que tudo, preciso – *precisamos* – ser pessoas de fé. Meu nome, um nome de fé. Mas não sei por quanto tempo a terei.

A mãe, na vez em que se ajoelhou no quintal – fundos da casa – e se agarrou à Bíblia e à terra, começou a perder a fé. Meses antes, sustentada na firmeza de que Jesus salva os justos, ela havia me explicado sobre a Peste e aquelas outras pandemias do passado projetando lástima na voz. Ao mesmo tempo, tranquilidade lhe transparecia na fala, fosse por aceitar o calvário da vida, fosse por achar que Deus não nos deixaria impotentes à nova praga. Embora frente à iminência de nova pandemia, eu via que a mãe tinha esperanças. Parecia mesmo uma mulher firme. Fraquejou, entretanto. Titubeou diante do fardo que nos aguardava. A despeito de ela nada ter comentado sobre justiça divina, tenho certeza que não achou o castigo de Deus justo.

Um dia, o pai, após assistir a mais um noticiário na tevê que detalhava o número de mortos pela doença desconhecida que dominava a Europa, em tom esperançoso e voz alta, comentou:

— Se ficarmos quietinhos aqui, em nosso canto, nada nos acontecerá.

No entendimento do pai, até mesmo em razão das primeiras orientações da Organização Mundial de Saúde, ficar em casa seria a melhor solução para evitar o contágio. Ninguém no mundo sabia ainda como a doença se espalhava. Estavam usando a Covid-19 como referência.

— O distanciamento salva! — garantiu o pai.

Minha mente colidiu com a realidade não presente em sua fala, mas, sim, nos noticiários. Na Europa, fazia meses que as pessoas não praticavam outra coisa senão o isolamento. Itália, França, Espanha, Alemanha. Todo o continente europeu ficou deserto – países com cidades fantasmas, onde as pessoas (com exceção das que combatiam a doença nos hospitais e das que trabalhavam com alimentos e nos serviços funerários) não podiam sair nem para serviços essenciais. Comida e remédios eram entregues nas residências por voluntários que usavam roupas plásticas, feito astronautas da solidariedade. "Se era assim, se lá ninguém saía sequer para comprar comida, por que tantos estavam morrendo?", pensei.

Não contrariei o otimismo do pai.

Ao meu lado, no sofá esgarçado, a mãe apenas olhou-o.

E fez o sinal da cruz.

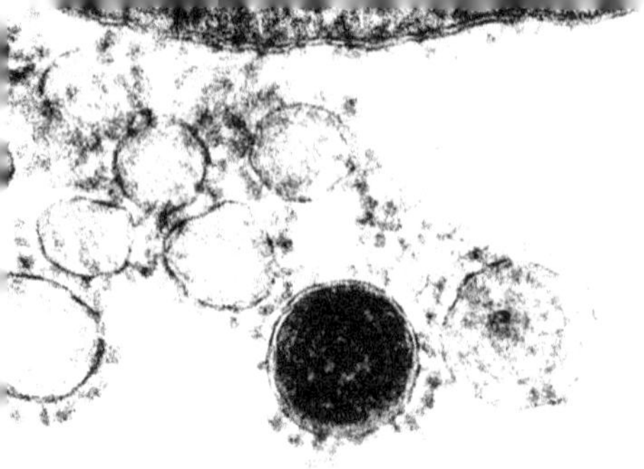

4

A mãe preparava o almoço. Nas panelas, somente hortaliças e vegetais confiáveis, comprados diretamente do seu José, um produtor amigo da nossa família. A bem da verdade, amigo de quase toda a pequena cidade interiorana em que morávamos. A carne – um exagero para os nossos padrões – também vinha de um criador local, que garantia ter o melhor pasto, sem qualquer tipo de veneno ou outra coisa. “A terra ali”, ele dizia, “era uma terra boa”.

Cerca de oito anos antes de a doença se espargir em raízes pandêmicas, cientistas descobriram que um vírus que atacava certos tipos de pimenteira poderia infectar humanos, causando febre e dores no corpo. Nada grave. Ninguém, portanto, deu importância à descoberta. Tampouco houve interesse em aprofundar estudos ao se observar que o jiló também seria transmissor de doença. Nem mesmo quando, anos depois, gente em massa começou a adoecer, a hipótese de a causa vir de algum tipo de plantação foi levantada. Como este novo vírus foi encontrado em alguns animais, a conclusão foi a de que a doença vinha do consumo de carne infectada. Na Europa, a carne foi proibida. Animais doentes foram sacrificados. Gente e bicho dividiram o espaço das covas. Sim, até que a comunidade científica finalmente voltasse o olhar para as plantas consumíveis, um sem-número de animais e pessoas anteciparam seu encontro com o outro lado da vida, seja ele qual for. Se estão no céu ou no inferno, não sei dizer. Enfim, ainda que o céu, ou o inferno, estivesse sendo povoado a passos largos, liberaram o consumo da carne. O argumento que soubemos por meio das notícias foi o de que os animais – um grupo específico – havia consumido as plantas impróprias.

O perigo maior vinha das plantas. Legumes, hortaliças, frutas; qualquer que fosse o vegetal comestível poderia nos matar? Passamos, então, a comer muita carne. Ainda que o preço fosse um absurdo, o pai esvaziava os bolsos para nos encher a barriga com o alimento certo. Depois que a Organização Mundial de Saúde avisou que o novo vírus estava nas plantas, e não nos animais, consumi-los passou a ser a ordem natural das coisas. Um e outro, em especial vegetarianos e veganos, comiam as verduras e os legumes que não faziam parte da lista dos proibidos.

Sempre imaginei que o nosso organismo recebia veneno dos agrotóxicos. Que um vírus de planta fosse capaz de nos matar, nunca pensei. A mãe, provavelmente, não considerava tal possibilidade. Toda vez que colocava comida na mesa, dizia:

— Podem comer sem medo.

Servíamo-nos da comida e da reza. Saboreávamos tudo contando com a proteção de Deus. E, claro, só nos eram servidos produtos não infectados. Matávamos nossa fome com produtos *limpos*.

Nesse dia, não foi diferente. Feito tantos outros, ela, cheia de confiança, serviu a mesa e nos chamou. João, meu irmãozinho enviado por Deus, um menino alegre que corria pela casa, que brincava no jardim malcuidado, se sujava na terra e voltava para dentro carregando a sujeira para a cozinha, sala e quarto em que dormíamos, postou-se feito estátua na porta da cozinha, olhos arregalados para a mãe e tentou avisar:

— O pai... ele... — João apontou o dedinho indicador em direção à sala.

A mãe, ainda sem se dar conta do iminente problema, perguntou:

— O que tem o seu pai?

Mudo, João, ainda de olhar assustado, não deu resposta. Manteve o dedinho apontando para o outro cômodo, só isso. O dedo, não a boca, insistia em indicar o pior.

A mãe largou as panelas, correu para a sala e encontrou o pai se contorcendo no chão – as mãos apertando o estômago. No mesmo instante, ela soube. Samuel, meu pai, estava com a doença das plantas.

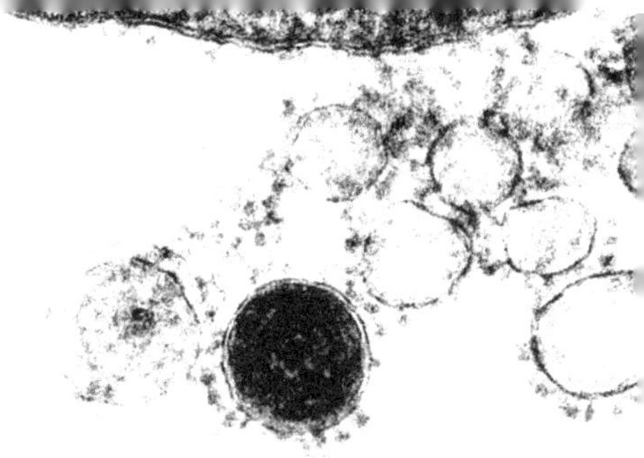

5

Naquela época, não entendi a doença batendo à nossa porta. Não entendemos. Como adentrou em casa se os legumes que comíamos eram de confiança? Que os agrotóxicos pudessem ter causado doença nas plantas e, por conseguinte, em quem as consumia, eu entedia. O que eu não compreendia era o motivo de a doença também atingir os produtos orgânicos.

Por um tempo, a própria Organização Mundial de Saúde disse que bastava a população comer mais carne e abandonar determinados alimentos para que estivesse segura. Uma lista de legumes e verduras proibidos nos foi disponibilizada. Nada do que estava listado, comíamos. O pai sentia-se à salvo ficando em casa, comprando carne do seu Geraldo, consumindo legumes e hortaliças do seu José. Estávamos protegidos. Ou não estávamos? Deus havia desviado os olhos da nossa família?

Não, não houve exame para detectar o novo vírus no corpo do pai. De todo modo, a mãe sabia. O impossível mesmo era saber se ele sobreviveria. Hospital? Ela tentou, é claro. Os hospitais e as unidades de saúde, porém, estavam tão doentes quanto as pessoas. Em crise, com superlotação, não suportavam mais o amontoado de doentes. O pai foi enviado de volta para casa sem que nenhum exame lhe fosse feito. Foram dias se contorcendo, urrando de dor. Fraco, não deixava a cama sequer para ir ao banheiro. A diarreia que escapava do meu pai, emporcalhava a cama. O fedor dominava, grudava nos tecidos, na pele, nas paredes do quarto. Ainda que minha mãe limpasse, nada eximia a fedentina. A mãe fazia de tudo para que eu e meus irmãos não entrássemos no ambiente, não incomodássemos o pai.

— Deus está olhando por ele. Não incomodem o seu pai — a mãe dizia.

O Senhor tomava conta? Eu é que desejava oferecer cuidado ao pai, nem que fosse lhe dando um abraço. Talvez, eu pensava, o pai quisesse mais do que apenas a presença do Salvador.

Não podíamos entrar no quarto. Também não podíamos mais comer os legumes e verduras. Tudo o que veio da horta do seu José foi para o lixo. Nem aos porcos serviam, caso tivéssemos suínos para alimentar.

No período crítico da doença do pai, enquanto ele não saía do quarto, nós passávamos horas rezando. Bíblia em mãos, a mãe enfatizava as palavras do Evangelho com toda a fé que havia dentro dela. Nós repetíamos em tom baixo, praticamente sem mexer os lábios. Eu, Pedro e João, éramos iguais ventríloquos da fé.

Foi nessa época que eu vi a mãe nos fundos da casa, ajoelhada, molhando a terra com suas lágrimas. Ela não queria chorar na nossa frente. Não desejava que a víssemos desesperada.

Naquela hora, não entendi a mãe daquele jeito, como eu disse.

Havia fé.

Esperança.

E o pai, ao que parecia, não largaria nossas mãos para agarrar-se nas mãos da morte. Não urrava mais de dor. E já conseguia, ao menos, ir ao banheiro sozinho. Não seria isso um motivo para alívio? A mãe deveria sorrir, não chorar às escondidas.

Eu soube depois o que ela, naquele dia, já sabia. Se o pai fora vítima da doença das plantas, outro de nós seria.

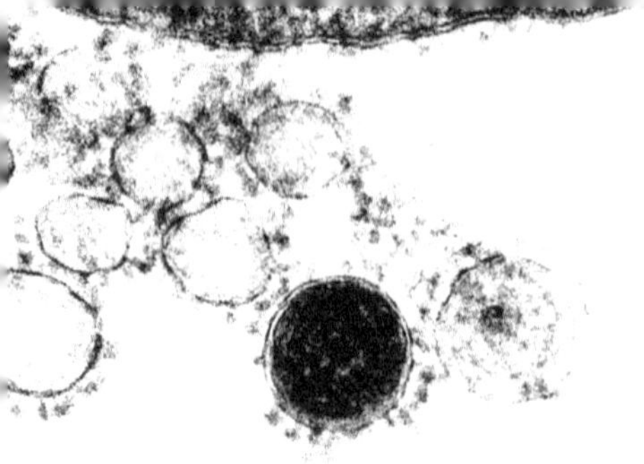

6

Fazia dias que o meu irmãozinho, nauseado, era só vômito. Seu estômago estava sendo corroído, igual ao acontecido com o pai. Febre altíssima e respiração pesada, cada vez mais curta, eram outros sintomas que passaram a determinar os dias, as horas e os minutos da sua enfermidade. As comichões – coceira pior do que sarna – também eram responsáveis por ele arrancar a pele de tanto coçar. O seu braço esquerdo beirava à carne viva. Não havia remédio capaz de amenizar os sintomas. Vê-lo daquela maneira causava-nos muito sofrimento. João não padecia sozinho. Eu, Pedro, a mãe e o pai éramos um só na dor. Não foram poucas as vezes em que me perguntei se ele resistiria. O pai, embora ainda debilitadíssimo, estava conseguindo. A morte, eu já disse, não mais fitava-lhe. A imagem da caveira com o capuz e a foice agora direcionava o seu olhar para o meu irmão.

A Organização Mundial de Saúde revelara que alguns morriam em até sete dias. Outros poderiam demorar seis meses; com sorte, um ano. Meu irmãozinho foi levado uma semana após o início dos sintomas. Nos fundos da casa, naquela terra outrora umedecida com as lágrimas da mãe, seu corpo foi enterrado. Ela, clarividente da desgraça, que parecia mesmo ter antecipado o futuro, fez a cova com as próprias mãos. Sozinha. O pai não teve forças para ajudar. Eu e Pedro, alarmados com a situação, assistimos de longe. Participamos apenas no momento de jogar a terra em cima do corpinho do João. A mãe chorava de tal maneira que achei que o seu corpo fosse secar, tanta lágrima ela verteu. A noite toda, que ora e outra teve o silêncio quebrado pelo pranto, já havia sido dura demais para ela. Primeiro, a mãe pegou o João, embrulhou num lençol e o deixou na cama. Ao lado do corpinho dele, a Bíblia aberta em página que não li.

— Já volto — disse a mãe ao sair sem fechar a porta.

Voltou quase duas horas depois.

— Não farão o enterro do irmão de vocês — ela contou, olhar fixo em mim e no Pedro. — Não tem cova disponível. O cemitério está lotado. Disseram... disseram que cada um que cuide dos seus mortos. No máximo, poderiam vender um caixão.

Ficamos em silêncio, eu e o Pedro. Fitando-a, pensei em lhe perguntar sobre o caixão. Mas ela antecipou-se à minha curiosidade:

— Não comprei. O caixão que tinham era um absurdo. Os baratinhos não tinham mais.

Parou aí a explicação da mãe. Em seguida, ela foi para o quarto onde estava o João, pegou o menino nos braços e o levou para a sala, acomodando-o no sofá. Em volta dele, ajeitou quatro cadeiras. Eu, Pedro, ela e o pai nos sentamos. O pai, com muita dificuldade, deixou a cama para sentar-se ali.

No velório improvisado, ficamos mudos. A mãe, agarrada na Bíblia, às vezes quebrava o silêncio com soluços. Inundada em lágrimas, afogada na tristeza, pensei que pela manhã a mãe estivesse mais forte, mais viva. Ela, porém, envolta no alaranjado do Sol que nascia e projetava sua sombra sobre a cova aberta no fundo da casa, parecia tão morta quanto o meu irmão. Nessa hora pensei, outra vez, sobre a justiça divina. Aquilo não me parecia justo, de jeito nenhum. O que eu ainda não sabia era que a situação ainda pioraria muito.

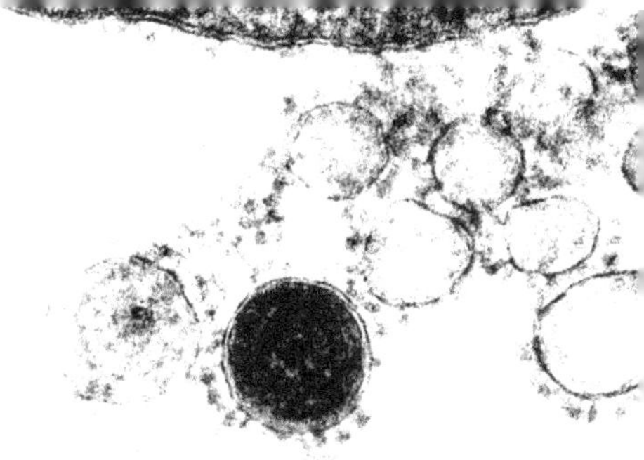

7

Ali, no quintal – fundos da casa – a mãe entregou o meu irmão para a terra. A mesma terra que produz espinhos e ervas daninhas. *"A terra produzirá espinhos e ervas daninhas, e tu terás de comer das plantas do campo. Com o suor do teu rosto comerás o teu pão, até que voltes ao solo, pois da terra foste formado; porque tu és pó e ao pó da terra retornarás!"*, diz a Bíblia[2]. Pensei, ao engolir a minha dor juntamente com as palavras sagradas, que o meu irmãozinho havia retornado à terra para virar pó porque tinha comido as plantas do campo. Minha mãe, bagaço de gente ao jogar terra sobre o corpo morto do João, era feito a Eva derrotada. Eva, mãe de toda a humanidade. Será que essa mãe de todos, essa Eva das escrituras sabia que uma de suas filhas, Isabel, minha mãe, devolveria à terra o filho morto? Saberia essa Eva que as valas comunitárias se multiplicariam, triplicariam, ganhariam proporções gigantescas e que, ainda assim, ainda que não pudéssemos mais contar o número de covas, nem todos os corpos seriam enterrados?

Miríades de corpos. Tantos que os cemitérios começariam a devolver.

Ou a nem coletar, como aconteceu conosco.

As funerárias simplesmente não davam conta. Apenas dois meses depois do enterro do meu irmão, era comum ver, nalgumas regiões, corpos espalhados pelas ruas. Mortos sem um lugar digno para descansar. Mostrou nos noticiários. No mundo todo se dava o mesmo: gente sem vida empilhada nas esquinas. Vez e outra, fogueiras incinerando a carniça, igual ao que a mãe contou sobre o ocorrido nos anos da Peste. Era um horror. Não se imaginava que pudesse acontecer calamidade maior.

Aconteceu.

As pessoas que moravam em casas com quintais, faziam desses um cemitério particular. Para os que não tinham quintais, para os que não queriam jogar os corpos nas ruas, seus mortos eram enterrados dentro da própria casa. Muitos e muitos quebraram o chão da sala, do quarto e os transformaram em covas. Sons de picaretas e pás misturavam-se à orquestra sonora dos choros. Houve condomínios de prédios, um sem-número deles, que permitiu aos moradores usar a área comum para enterrar seus entes-queridos. Salões de festas, áreas de churrasqueira, campinhos de futebol, jardins; fosse qual fosse o espaço do condomínio, a cena que se via era a de pessoas se aglomerando no ato de abrir as covas na esperança de proporcionar enterro digno aos que haviam sido velados e levados pela doença.

Transformar a casa e os condomínios em cemitério era aberração. Aberração ficcional, eu achava. Vida real não era aquilo, não podia ser. Eu não podia estar mais enganada! As cenas noticiadas, tudo o que víamos acontecendo em outros lugares, eclodiu também em nossa rua. Vizinho ao nosso lado fez cova no meio da sala. Tenho certeza que sim, pois ouvíamos a escavação. Dias depois de escutar, eu saí para fora, andei duas, três quadras e deparei-me com uma cena irrefutável: pás e picaretas nos trabalhos de sepultamentos. Topei com corpos. E olhares. Todos carregados de desesperança, desgraça sem fim. Os vizinhos, os que me fitavam com prostração e desolamento enquanto eu passava, faziam o mesmo que a minha mãe havia feito: abriam covas e transformavam a casa em cemitério particular. Por um e outro instante, caminhando, imaginei que os horrores não passavam de um pesadelo em uma noite agitada. Acontece que a desgraça não era um sonho ruim, estava na tevê, nos outros países, na nossa cidade interiorana, no nosso quarteirão. Não demorou muito para nos tornarmos iguais aos europeus, asiáticos, africanos, australianos, norte-americanos. Exatamente como eles, éramos mais um país a perder o controle. O caos do mundo estava em nós.

Restava-nos a reza.

Num domingo, eu, a mãe e o Pedro saímos para

ir ao culto, igreja não muito longe, possível de ir a pé. Ao voltarmos para casa do culto que não aconteceu, palavras sagradas acompanharam o nosso caminhar. Eu e a mãe segurávamos firme a Bíblia encostada ao peito. Nosso objetivo era, após o culto, convencer o pastor a ir até a nossa casa. Se ele, sacerdote de Deus, rezasse pelo meu pai, talvez ajudasse, ainda que não o curasse. *"Está alguém entre vós doente? Chame os presbíteros da igreja, e orem sobre ele, ungindo-o com azeite em nome do Senhor; e a oração da fé salvará o doente, e o Senhor o levantará; e, se houver cometido pecados, ser-lhe-ão perdoados"*[3]. De repente, a passagem bíblica não parecia fazer mais sentido diante da igreja que não abrira as portas. Há tempos nenhum pastor ou padre aparecia para ungir doentes, fosse em que lugar fosse. A verdade é que nenhum representante da igreja, nem mesmo o Papa, tinha poder para enfrentar aquela doença. Sacerdotes de pouca fé? Não sei dizer. A mãe, ainda que se agarrasse à Bíblia como se milagre pudesse brotar das páginas, não havia perdido um pouco da sua fé? Talvez, por isso, tenha insistido para que fôssemos à igreja. Além de ir em busca do padre, adentrar à casa de Deus seria como alimentar a fé e a servidão. Seria um meio de escapar da enfermidade, quem sabe. Nalgum trecho da Bíblia em nossas mãos, acho que em Êxodos 23:25, estava escrito: *"E servireis ao Senhor, vosso Deus, e ele abençoará o vosso pão e a vossa água; e eu tirarei do meio de ti as enfermidades"*. Se Deus abençoou o nosso pão e a nossa água, não abençoou as nossas plantas. Tampouco a nossa terra. Não nos livrou das enfermidades. Esqueceu-se também dos nossos animais. E, certamente, não abençoou a maioria das vidas. Era isso o que eu pensava pouco antes de entrar em casa, pouco antes de um cadáver ser atirado aos meus pés, jogado pelo muro de um vizinho. Assustadíssima, desviei-me. Lágrimas escaparam-me. Soluços vieram em espasmos quase incontroláveis. A mãe e o Pedro soltaram interjeições que não compreendi. Nossos últimos passos em direção à nossa casa foram acelerados. Eu praticamente corria quando parei no portão. Ato contínuo, antes de entrar, olhei para o corpo estirado na calçada. E vi o vizinho. O mesmo que atirara o corpo, arrastava, naquele momento, outra vítima para fora. Provavelmente, estava farto de cavar covas na própria residência.

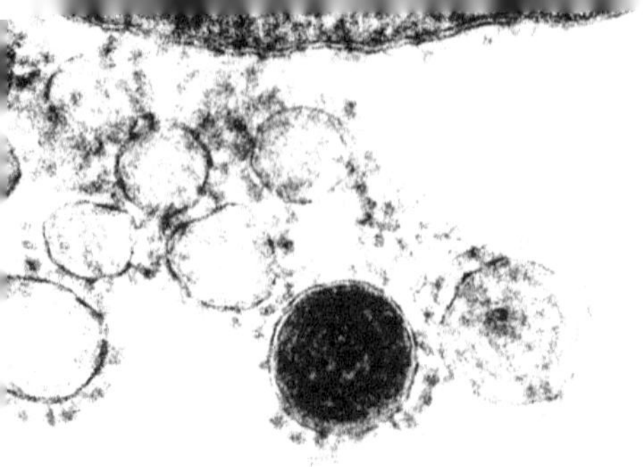

8

O pai e o vírus travaram batalhas por bastante tempo, além do que imaginávamos ser possível. Durante o período de um ano, algo assim, as dores de cabeça dele, mais as dores de estômago e articulações, foram e voltaram. O pai ficou refém desses sintomas. Também foi dominado pela fraqueza, falta de ar, febre, perda do olfato, e pelas feridas em seu corpo a eclodirem feito um vulcão. E o desaparecimento da visão, que começou sem sobreaviso e o deixou cego da noite para o dia? A mãe, coitada, fazia o que podia. E como não havia medicamento capaz de impedir o avanço da doença – mesmo depois de tanto tempo não houve país no mundo capaz de descobrir uma vacina, ou remédio, qualquer paliativo –, a única coisa que a mãe podia fazer era rezar. Mas quando o pai, além de sofrer os efeitos terríveis da enfermidade, enlouqueceu, não houve reza que desse jeito. As orações da mãe não eram mais ouvidas pelo Senhor. No lugar da prece, os sons que me atingiam e destroçavam a todos nós, eram gritos. Nos últimos dias, sem forças para sair da cama e com o sistema nervoso danificado, o pai, que era só escuridão, um mar de escuridão, mergulhou no desespero e concentrou seus últimos resquícios de vida nos gritos e nas falas desconexas. Quando algo do que ele grunhia era capaz de ser entendido, a certeza que eu, a mãe e o Pedro – espectadores daquele tormento – tínhamos era a de que o pai conversava com o vírus. Até que ele, enfim, se calou.

Não mais articulou palavras.

Não mais abriu a boca.

Tampouco os olhos.

No momento em que seu coração parou, estranhamente, ele parecia calmo e sereno a dormir tranquilo. Não fosse pela magreza, pelas feridas terem-no deixado hediondo, e pelo fedor que lhe escapava das pústulas, daria para dizer que o pai nunca estivera doente.

Não foi fácil enterrar o pai. A mãe não conseguiu fazer isso sozinha. Dessa vez, nós duas abrimos a cova. Ao terminarmos de cobrir o corpo dele com a terra, a podridão de suas feridas ainda nos machucava o olfato. E a alma. Uma das passagens que a mãe encontrou forças para ler nesse dia foi João, 10:27-28. Senta ao lado da cova, mãos cheias de terra a segurar a Bíblia, suas palavras saíram baixas, entrecortadas, mas, ainda assim, eu as entendi perfeitamente. *"As minhas ovelhas ouvem a minha voz; eu as conheço, e elas me seguem. Eu lhes dou a vida eterna, e elas jamais perecerão; ninguém as poderá arrancar da minha mão".*

O que eu esperava era exatamente aquilo, que o pai estivesse, enfim, de mãos dadas com o Senhor e que das mãos d'Ele não se soltasse, jamais.

E foi de mãos dadas que nós três, eu a mãe e o Pedro, entramos em casa, fechamos a porta e nos sentamos no sofá. Ficamos em silêncio por horas e horas. O que a mãe e o meu irmão pensavam, não sei. Eu, todavia, só tinha uma coisa na cabeça: *Qual de nós seria o próximo?*

O próximo foi Pedro. Um mês depois. E tal qual meu irmão caçula, Pedro se foi rápido. Bastou apenas sete dias para a doença o levar. Ao menos, um consolo: não ficou sofrendo feito o pai; não atravessou um ano em luta para manter-se vivo, ainda que moribundo. Sete dias. Foi depressa. Mal havíamos passado por uma dor, esta outra se sobrepôs. Foram sete dias de sofrimento, desespero, desesperança. No oitavo dia, contudo, ele descansou. E nós também.

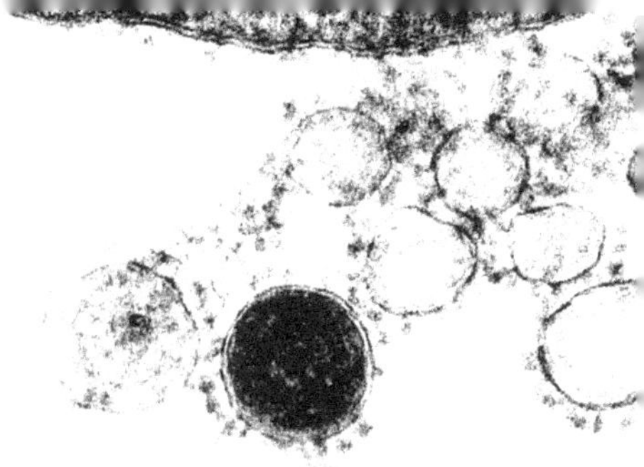

9

Desde a morte do João, o que havia mudado? O que cresceu, além do número de mortos – já havíamos ultrapassado dois bilhões – foi a frustração e o horror.

Houve o insucesso de encontrarem algum tipo de vacina, remédio ou cura. O vírus apresentava mutações e mutações. As variantes surgiam mais rápido do que a ciência conseguia acompanhar. E eram mutações capazes de deixar as pessoas ainda mais loucas. Mutações que poderiam transformar as vítimas em mortos-vivos.

A Organização Mundial de Saúde não demorou a admitir que, embora as indústrias farmacêuticas e fábricas de vacinas trabalhassem ininterruptamente, vacinas ou remédios era uma realidade distante. "Por isso, intensificamos o cultivo", eles disseram. No princípio, foi o que disseram. Mas não foi possível cultivar plantações *puras*. A Organização Mundial de Saúde, então, manteve, insistentemente, o discurso: "Comam carne. Comam carne! E peixe". Se no início batiam na tecla do afastamento social – as aglomerações há muito não eram o temor –, num segundo momento, o discurso focou-se na carne. E nos peixes. A transmissão, como todos sabíamos, ou achávamos, se dava exclusivamente pelas plantas. A produção da carne aumentou em escala mundial de maneira nunca vista. O número de animais *limpos* abatidos não podia mais ser contado. A pesca, por sua vez, entristeceu o mar ao tirar de suas águas, incontáveis vidas marinhas. Ainda assim, dia após dia, mais gente morta somava-se aos peixes e aos bichos abatidos. "O que estava acontecendo, de verdade?", eu me perguntava. A resposta, a difícil resposta dada pela Organização Mundial de Saúde foi a de que grande parte dos animais estava infectada. Haviam-nos garantido que os bichos vinham sendo alimentados com estoques disponíveis de ração limpa. Garantiram que, quando os estoques zeraram, as indústrias produziram ração a partir do abate de animais saudáveis. Eles garantiram que tanto os animais quanto os peixes eram saudáveis. Garantiram. Mas não era verdade, não deveria ser. Fossem afirmações verdadeiras, por que pessoas e bichos adoeciam? Ou os animais estavam se alimentando de pastagem contaminada, ou o vírus podia ser transmitido pelo ar, pela água, e também de humanos para animais.

Pastagem contaminada.

Mar contaminado.

Vida contaminada.

A Organização Mundial de Saúde e indústrias de carnes no mundo todo assumiram que a Terra estava condenada. Ao ouvir o discurso na tevê, estremeci. No instante em que aquelas palavras entraram em mim, o futuro ficou nebuloso, saiu, foi para não sei onde. Senti-me dissolvendo feito pó. *"Porquanto és pó e em pó te tornarás"*. Eu não desejava que a afirmação em Gênesis coubesse em mim. Entretanto, tal Gênesis que vivíamos já não estava em nossos dias, meus e da mãe? O pai e meus irmãos não viraram pó? Os mais de dois bilhões de mortos não viraram pó? Pouco importa se foram enterrados, abandonados nas ruas ou queimados, pois o fim é o mesmo, sempre o mesmo.

Se não podíamos comer as plantas, e não podíamos mais nos alimentar da pesca e da carne – ou por contaminação, ou porque os animais estavam se extinguindo – como seria possível viver? Não seria. É claro que não. Só sobreviveria gente como eu e a mãe. Gente que, apesar de tudo, milagrosamente, não estava contaminada. Eu, primeiro, achei que estávamos vivas porque estávamos livres, até onde sabíamos, das carnes contaminadas. Elas não chegaram à nossa mesa. Depois, com a morte do pai e dos meus irmãos, eu não soube mais nada. Por um tempo, eu não soube. O que mudou a partir dessa nova revelação de que a carne de qualquer espécie não era mais segura e de que os animais morreriam, foi o aumento imensurável do desespero. Tentáculos da loucura propagaram-se em todos os continentes.

Fim dos tempos.

As pessoas, tal como ocorrera na época da Peste, não tiveram dúvida de que o mundo acabaria e, ao invés de tentarem sobreviver de alguma forma, entregaram-se aos prazeres da carne, não aquela que ia para a mesa. Bacanais e orgias sexuais germinaram e cresceram dentro das casas, também a céu aberto, aos olhos de quem quisesse ver. Os que não se entregavam à promiscuidade, rendiam-se à insensatez de maneiras outras. Teve quem se suicidou. Milhares, na verdade. A agricultura, as indústrias e os empregos foram morrendo com as pessoas. O comércio sobrevivente sofreu com o vandalismo. Gente de se perder a conta saqueou lojas fechadas e passou a comer qualquer coisa, incluindo alimentos estragados. Já que a morte era certa, que morressem de barriga cheia, lembrando dos tempos em que havia comida normal na mesa.

Cresceu o número de pessoas que, sem qualquer alternativa, sem forças para lutar e agarrar-se à vida, se entregou à fome. Ativistas, defensores dos animais, pessoas que se recusavam a comer carne, não tendo o que comer, agruparam-se no meio das ruas e esperaram o corpo definhar. Exaurindo o restinho de forças que tinham, esqueletos humanos caminhavam entre vivos e mortos à espera do fim.

Não bastasse a loucura imposta pela situação, a loucura provinda da inflamação do cérebro, causada pelo vírus, fez milhões de pessoas cometerem atrocidades. Apesar de televisões do mundo todo tentarem tapar o sol com a peneira (noticiaram apenas um e outro caso isolado) as plataformas de vídeo nas redes sociais mostraram a carnificina. Brigas. Gritos. Gente esfaqueando gente. Gente atirando em gente, batendo a cabeça em muros. Pessoas coçando o corpo até ferir a carne, arrancando os bulbões do corpo com as mãos. Gente avançando, atacando, mordendo, arrancando pedaços dos outros com os dentes. Um horror.

O mundo, um hospício.

Em ruínas, ele faliu em todos os aspectos sociais. Quebrou economicamente. Arruinou-se na saúde. Perdeu a moral e ignorou escrúpulos.

A maioria, tenho que admitir, a maioria, apesar de toda a loucura, digladiava-se com o surrealismo social de enfrentar os dias de maneira mais normal possível, fossem quantos fossem os dias de vida que ainda tinham. Todavia, a normalidade pereceu. Um e outro, cegos à situação, até podiam enxergar alguma luz no fim do túnel. Contudo, fazer do próprio lar um abrigo de mortos não era normal, de maneira nenhuma.

Outra vez, quem ainda tinha espaço para transformar a casa em cemitério, o fez. E, apesar disso, outra vez corpos e mais corpos eram abandonados nas esquinas, nos becos, na frente das residências. O Governo Federal, que seguira o exemplo e o esforço de outros países, havia agido para limpar as ruas e não mais permitir que cadáveres fizessem parte do asfalto. A ação governamental de catar corpos das pessoas que se misturavam aos dos cadáveres de milhares de animais (cachorros, gatos, gado, pássaros) acontecera mais ou menos na época em que eu mesma presenciara no meu bairro o vizinho atirando um corpo na rua. Como a situação funerária estava caótica, o Governo agiu e conseguiu, por um curto período, amenizar a situação. Quando o povo enlouqueceu, quando mais e mais mortos povoaram as ruas, quando só o que importava era aproveitar os últimos dias de vida, o Governo largou mão. A bem da verdade, não havia estrutura para impedir os acontecimentos. Além disso, acho mesmo que não sabiam o que fazer. Os pronunciamentos seguintes ao dos animais doentes, à carnificina, ao bacanal que virou o mundo, à situação caótica, foram de que estavam trabalhando para encontrar uma solução. Animais à beira de extinção, mais de dois bilhões de pessoas dizimadas, plantações contaminadas, loucura, moribundos misturados aos mortos nas ruas, inferno a céu aberto. Haveria solução?

"Sentimos imensamente a morte dessas pessoas. Mas ainda restam no mundo cinco bilhões de seres humanos. Garanto-lhes que, entre esses, alguns são cientistas capazes de nos apresentar um futuro", eles disseram. E enfatizaram: "O mundo todo está trabalhando incessantemente para encontrar maneira segura de preservar a vida na Terra".

Tivessem trabalhando arduamente ou não, verdade é que, até aquele momento, e por mais um ano que se seguiu, o horror apenas aumentou. O número de mortos pulou para quatro bilhões. Cidades, não poucas, tornaram-se fantasmas. Dos animais, quase nada restara. As orgias continuaram. Dividir os espaços das ruas com a miríade de ossos, gente apodrecida, louca, e com os bacanais sexuais tornou-se o novo normal. Vez e outra, à busca de salvaguardar restos de vida e dignidades, mais uma vez o Governo passou a catar os defuntos das ruas. Para onde levá-los? Em terrenos baldios. Às vezes eram mil, dois mil, cinco mil cadáveres empilhados para serem incinerados. Também passaram a entregar "carne modificada" e ração alimentícia nalgumas comunidades. Se eram seguras para o consumo, não havia como saber. Não deveriam ser, claro que não. De todo modo, comendo a tal ração, alimentando-me dessa "carne modificada", que diziam ser boa, mas que certamente não era, eu sobrevivi. A mãe sobreviveu.

A despeito dessa nossa condição em resistir, nos agarramos às palavras do Evangelho, ainda que estivéssemos fragilizadas da fé. Assim, por mais um ano, o vírus não nos alcançou. Eu e a mãe, fosse pela *imunidade*, fosse pela vontade divina, continuamos a fazer parte das pessoas *limpas*, gente de *carne pura*. Alguns de nós, conforme fora aventado em noticiários, parecíamos mesmo ser imunes ao vírus. Alguns de nós, certamente, tínhamos gens que ativavam a imunidade.

E foi exatamente por esse motivo que o Governo Federal bateu à nossa porta e nos levou. Naquele dia, somente naquele dia, comecei a descobrir algumas das ações que o Governo Federal, e o mundo, enfim, estavam pondo em prática para tentar preservar o máximo de vidas possível. E o que descobri, sinto dizer, não era exatamente um paraíso, embora aparentasse ser.

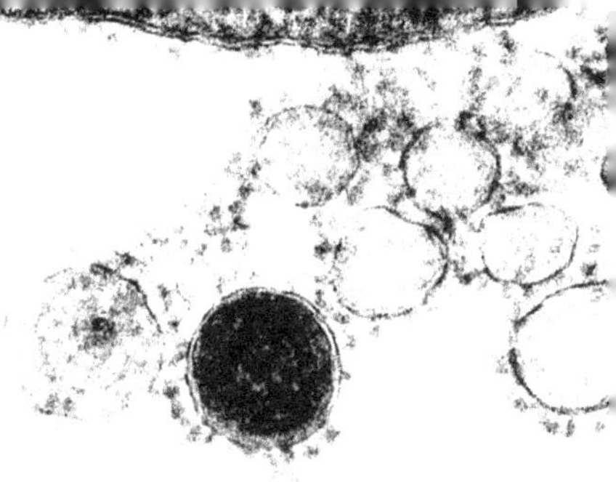

10

Bateram à porta. Duas pessoas. Eu as vi pela janela quando cruzaram o portãozinho, vestidas com uma roupa plástica, protegidas até os olhos. Quando os atendi, percebi que traziam alguns objetos em mãos. Antes que se pronunciassem, chamei pela mãe.

— Mãe, vem aqui! — gritei.

E fiquei muda em seguida, olhando para aquelas duas figuras. Imaculadas que estavam e protegidas daquela maneira, eu não tive dúvida do que pretendiam. Eu acompanhara a ação dos agentes sanitários nos noticiários.

Devia ser por volta das dez. Normalmente, nessa hora, a mãe postava-se no quintal – fundos da casa – e ficava lá com a Bíblia aberta rezando pela alma do João, do pai e do Pedro. Sentada na cadeira entre as covas e as cruzes improvisadas, dizia-me que quanto mais rezasse, melhor eles ficariam lá no céu. Não sei se a mãe, de fato, voltara a ter a fé de antes. Mesmo passado tanto tempo da morte deles, a reza era necessária? A mãe sempre dizia que sim. Contudo, não havia a firmeza doutros tempos em sua fala. Para mim, ela ir para os fundos orar tinha se tornado sua fuga, isso sim. "Melhor rezar do que ficar acompanhando o fim do mundo, filha", ela reforçava. De fato, a mãe havia decidido não escutar e, de preferência, não ver mais nada sobre os efeitos devastadores do vírus. A Bíblia passou a ser sua única fonte de informação. Como devia estar compenetrada na "fé", imaginei que não tivesse me escutado. Insisti:

— Mãe, eles estão aqui. Venha! — gritei, dessa vez mais alto.

Demorou um pouco, mas a mãe, enfim, apareceu. Abraçada ao livro sagrado, trouxe consigo o resmungo:

— Eles quem? Do que você está falando, menina?

— Eles — eu disse. E, no exato instante, apontei o dedo para aquelas duas figuras imóveis à nossa frente.

Quieta, a mãe olhou e olhou. E continuou olhando para eles como se fossem personagens de uma ficção científica.

— O que querem? — perguntou.

Um deles sorriu. O outro imediatamente acompanhou o gesto e mostrou os dentes por debaixo da máscara acrílica.

— Estamos aqui em nome do Governo Federal, senhora. Viemos fazer o exame.

— Exame?

Ao invés de deixar com que um deles respondesse, adiantei-me:

— Eles estão passando de casa em casa, mãe. Eu vi no noticiário. Estão examinando pessoas como a gente.

— Pessoas como a gente?

— Que ainda estão vivas, senhora. Ou não tiveram os sintomas da doença. Queremos saber se estão com o vírus e, se estiverem, qual é o motivo de não adoecerem — esclareceu um dos agentes.

— Por que isso, depois de tanto tempo de pandemia?

— Como assim, senhora?

— O que mudará se tivermos ou não o vírus? — a mãe insistiu.

— É o novo padrão de procedimento. O Governo precisa estudar as pessoas.

— E por que não estudaram antes?

— Estão estudando há tempos, senhora.

— Estão estudando... estão estudando... e daí? Do que tem adiantado? Desde que as coisas começaram a fugir do controle, o Governo precisava ter feito muita coisa além de "estudar as pessoas". O que foi feito, hein? Digam exatamente o que foi feito, será que vocês conseguem? Vocês têm a resposta para esse Apocalipse?

— Senhora...

— É evidente que não podem dizer.

— Senhora, nós estamos tentando...

— Tentando o quê?

Ver a mãe ríspida, contrária à presença dos agentes em nossa casa, foi algo inesperado para mim. Acompanhando os questionamentos dela, fiquei sem saber se intervinha. O que eu poderia ter dito? Apenas os observei – mãe e agentes em silêncio, após a última pergunta feita.

Eu os olhava. O silêncio nos unia. Então, um deles engoliu saliva e calmamente, com olhar desolador, desses que não carregam qualquer tipo de esperança, respondeu:

— Que a raça humana não seja extinta!

A mãe inclinou a cabeça para um lado, para o outro. Semblante fechado, os dedos apertando a Bíblia ao ponto de ficarem vermelhos, ordenou:

— Vão embora!

E postou-se para fechar a porta.

Um dos agentes resistiu, abortando o movimento da mãe. Mas ela disse, firme:

—Deixe-nos morrer em paz!

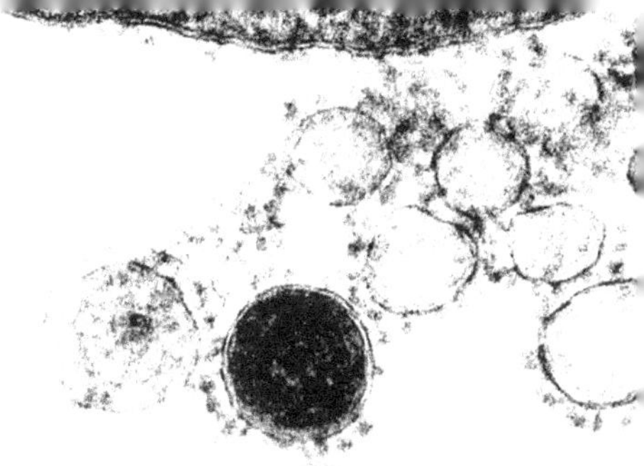

11

Um homem, três casas à frente, em diagonal à nossa, abriu o portão. Esse vizinho, um dos poucos que restara na rua – a rua e o bairro estavam praticamente desertos – arrastou o corpo de um parente. Na esperança de que o morto fosse levado para ser cremado com outros milhares, deixou-o na calçada. Fez o sinal da cruz. Entrou, não antes de desviar o olhar triste para nós. Certamente, não antes de pedir, silenciosamente, para que o caminhão de coleta de lixo não pegasse o corpo e o esmagasse, coisa que, de fato, começou a acontecer com bastante frequência, não apenas no nosso bairro, mas na maior parte do mundo. Os caminhões de coleta de lixo transformaram-se em trituradores de gente. As caçambas abarrotaram-se de carne humana moída.

Éramos nada.

Éramos lixo.

Restos.

Assim que o homem entrou, os agentes voltaram. Eu os vi em nosso portão ao mesmo tempo em que observei o caminhão da coleta de lixo, que parou. Dois homens desceram e pegaram o corpo estirado na calçada e fizeram o que havia para ser feito.

Eu vi. Os agentes viram. A mãe, que estava ao meu lado, viu.

Depois da cena, ela, não querendo ser a próxima a se tornar carne moída dentro de um caminhão de lixo, avisou-me:

— Não quero que me jogue na lixeira. Não quero que faça isso comigo.

Claro que eu não ia fazer aquilo com a mãe, jamais. Se ela adoecesse e eu tivesse que enterrá-la e não houvesse espaço no quintal dos fundos, eu a enterraria em seu próprio quarto.

Precisamente quando esse pensamento me ocorreu, a mãe direcionou sua atenção para os agentes imaculados em suas roupas de proteção à saúde.

— O que fazem aqui? Já disse para deixarem a gente morrer em paz!

Um dos agentes respirou fundo, deu sorriso sem graça, de canto de boca, e falou com certa doçura, a voz soando-nos abafada por conta do acrílico protetor na face, mas muito verdadeira.

— Senhora... nós não queremos que vocês morram!

— Pois não tem nada que vocês possam fazer.

Se pudessem fazer algo, bilhões não teriam perdido a vida. Vão embora!

— Senhora.... não é seguro ficar em casa. Não é seguro ficar nas ruas. Há uma variante poderosa do vírus, que danifica o cérebro de tal maneira que a pessoa, enlouquecida, ataca a outra.

A mãe entrou em casa. Não deu atenção àquela explicação. Pediu-me para entrar também. No ato de fechar a porta, ouvimos um dos homens, que insistiu:

— O Governo tem uma solução. Estamos aqui para ajudar, senhora.

A mãe ponderou. Ponderou. Nossos olhares se misturaram. E o silêncio nos amarrou. Quando o silêncio ocupou espaço demais, a mãe diminuiu a guarda e voltou a abrir a porta.

— O que vocês querem? E qual é a solução?

— Façam o exame — pediram-nos outra vez.

— E do que vai me adiantar saber se estou ou não com o vírus? Se estivéssemos com o vírus, já estaríamos mortas faz tempo. Vocês sabem disso.

— Depois do exame, se estiverem bem, poderão ir para outro lugar.

— Outro lugar?

— Um lugar melhor. Seguro. Terão acompanhamento, comida e tratamento, caso adoeçam.

— Tratamento? Não há tratamento, todo mundo sabe.

— É um novo tratamento, senhora. Experimental.

— Não deixarei a minha família! — rebateu a mãe.

— A moça vai junto.

— E meu marido e meus dois outros filhos, vão levá-los também?

— Se o exame deles for negativo, e se estiverem em casa, os levaremos, claro.

— Estão em casa, lá nos fundos, enterrados em nosso quintal! — disse a mãe. Olhou firme para os homens e completou: — Podem levar eles?

— Senhora...

A mãe, que até aquele instante parecia de ferro, envergou. Os ombros caíram. A cabeça pendeu e ela segurou o rosto com uma das mãos. Chorou alto. De repente, a mãe chorou de um jeito que eu não via há tempos. Parecia que o pai e os meus irmãos tinham acabado de morrer.

— Eu não posso abandonar eles! — resmungou a mãe, entre soluços.

Eu a abracei. E chorei igual.

E os dois homens não arredaram o pé, ficaram ali à espera, assistindo nossas lágrimas inundarem tudo.

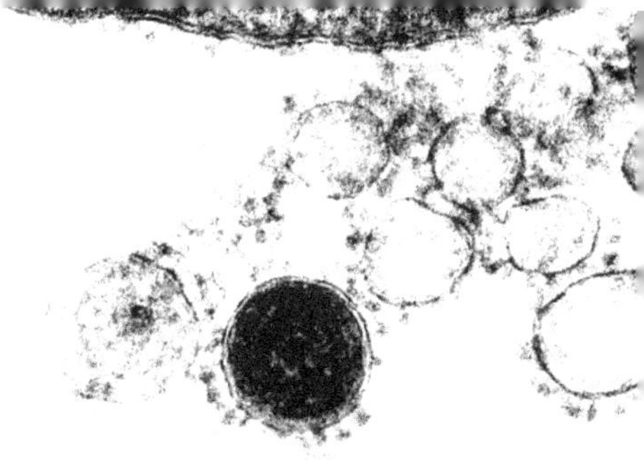

12

Criaram colônias. Enquanto sobreviventes cavaram covas; enquanto os quintais, as salas, os quartos, os condomínios e as ruas viraram cemitérios, eles criaram colônias. Essas bolhas distintas, a fim de aglomerar pessoas, foram criadas enquanto corpos eram esmagados nos caminhões de coleta de lixo. Foram criadas enquanto animais e gente morta eram incinerados, abandonados ou amontoados em buracos coletivos. Enquanto as pessoas, enlouquecidas em razão das mortes, loucas em razão dos cérebros inflamados entregavam-se a todo o tipo de degradação, moral e física, as colônias ganharam vida. Foi o que nos contaram.

Criaram colônias porque outra maneira de conter o caos não havia, eles disseram.

E as criaram, ainda, para nos oferecer o mínimo de esperança. Foi o que eles também disseram.

Se existia uma maneira, uma única maneira de salvar o restante da população – ou tentar – a maneira era essa: confinar pessoas numa bolha.

Ao nos dizer essas coisas, ao nos esclarecer que as colônias eram a "salvação" – ou tentativa de –, eu tive dúvida. Então não estavam apenas mudando o inferno de lugar? De toda maneira, se o nosso destino, meu e da mãe, seria o mesmo de bilhões de mortos e doentes, que fosse, então, com algum respaldo. No fundo, se teríamos comida e, talvez, tornássemo-nos cobaias para um novo tratamento, ainda que tal não significasse cura, não poderia ser pior do que já estávamos.

Nada poderia ser pior.

Era o que eu achava.

Quando nos levaram, eu e a mãe, os campos de concentração nazista me saltaram aos olhos. Não que estivéssemos em lugares como os da época de Hitler. Ao ver o número imensurável de pessoas aglomeradas, caminhando devagar, seguindo feito rebanho, a comparação foi inevitável. Grudadas na mesma desgraça, espremidas em gestos e movimentos, nós nos unimos àquela miríade humana. Devíamos somar cinquenta, cem mil marchando em linha reta.

— Sigam com os outros — eles nos orientaram.

A mãe me olhou. Entre fitar-me e puxar o ar, apertou a Bíblia no peito, única coisa que levamos.

— Para onde, essa gente toda? — a mãe apontou a multidão.

— É a triagem.

— Triagem?

— Para as colônias. Só siga a massa, senhora.

Seguimos a massa.

Seguimos feito gados.

Foi o que fizemos.

Nos embrenhamos, nos apertamos entre os corpos e deixamo-nos levar. Meu olhar, intercalado entre rostos sofridos e desconhecidos, pousando ora em mulheres, ora em homens ou crianças, carregava a expressão da incógnita. O que seria de nós?

Sem diálogos a nos acompanhar os passos, havia o som dos arrastos, bulícios.

E reza.

Dos lábios da mãe, a oração distorcida:

— Ó Deus, que abriu o Mar Vermelho, derrubou as muralhas e fez um morto de quatro dias ressuscitar, além dos paralíticos que voltaram a andar, eu te peço, em nome de Jesus, faça o impossível em nossas vidas!

A reza, em contínuo reprise de frases, escapava baixinha. Esses murmúrios, doloridos murmúrios, poderiam ser a esperança que não se vê. Acho que a mãe chegou mesmo a acreditar nisso. Ao se deixar levar naquele ajuntamento humano, é possível que tenha vislumbrado uma nova era para nós. Não sei. Não perguntei. Eu, embora tenha apertado a Bíblia em meu peito ao ouvir a mãe, e apesar de ter visto, ao meu lado, um rapaz sorrindo, não acreditei que Deus, naquela hora, fosse, de verdade, atender a nossa causa.

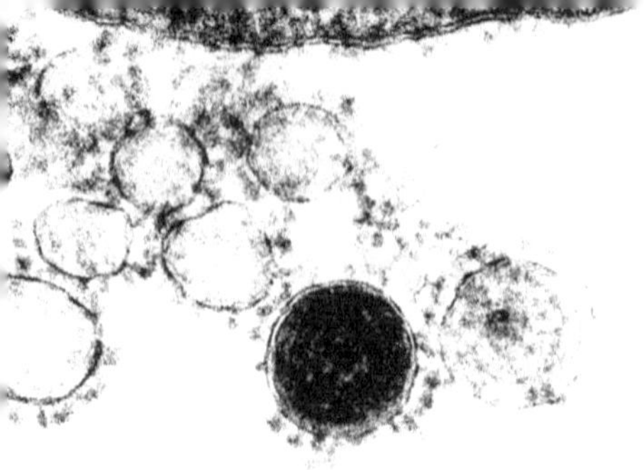

13

"(...) e eis que estava uma porta aberta no céu; (...) e eis que um trono estava posto no céu, e um assentado sobre o trono. (...) E ao redor do trono havia vinte e quatro tronos; e vi assentados sobre os tronos vinte e quatro anciãos vestidos de vestes brancas...[4]"

Fragmentos do Apocalipse nasceram em mim assim que avistei, à nossa frente, sentados em seus "tronos", agentes de saúde imaculados em suas vestes brancas, iguais as roupas usadas pelos homens que nos buscaram em casa. Contei vinte e quatro. Eram vinte e quatro. Exatamente como na passagem bíblica. A diferença era a de que eles não estavam na porta do céu. Recebiam as pessoas e conferiam, no sistema, a identidade e o resultado do exame de cada um. Direcionavam-nos, depois, a lugares díspares: colônias espalhadas, que se subdividiam. Para os gordos – uma minoria, evidentemente –, ala dos gordos. Aos doentes, ala D. Inválidos, como os amputados, por exemplo, ala I. Para os magros, mas não pele e ossos, que era o meu caso, o da mãe e de uma porção à nossa volta, ala M. Anorexos, outra grande massa, ala A. E assim por diante. Havia, ainda, as subdivisões dentro dessas alas. Homens e mulheres eram separados sob a alegação de que relacionamentos amorosos poderiam atrapalhar os planos que o Governo tinha para nós naquele momento. Crianças e velhos, especialmente os improdutivos, também foram inseridos na subdivisão. Existia a área especial destinada aos bebês e a área para as pessoas *limpas*. Pessoas limpas eram aquelas que não tinham na carne a presença do vírus. Eu e a mãe não tínhamos.

As colônias espalhavam-se pelo país. Mas não só. A Organização Mundial de Saúde anunciou a existência de várias, em continentes diversos. Até que fôssemos levadas para uma delas, eu sequer sabia da existência desses espaços.

A colônia para onde eu e a mãe fomos era enorme. Na minha avaliação, as edificações do lugar poderiam abrigar quinhentas mil pessoas, ou mais. Dentro dessa colônia, outra área, isolada feito uma UTI, constituía-se de outros prédios a lembrar os conjuntos habitacionais populares, com alamedas interligando-os. Esses edifícios eram cercados por um Domo. A bolha transparente que os envolvia havia sido criada para nos proteger, eles nos disseram. Eu, a mãe e outros humanos limpos, fomos para lá. Não sem que nos colocassem um chip a fim de monitorar, em tempo real, a nossa saúde.

— Precisamos controlar sua saúde vinte e quatro horas. Hoje, está limpa. Amanhã, pode não estar — disse um dos enfermeiros que nos recebeu assim que passamos pelo portal, quase três horas depois de termos chegado. — Na colônia, para onde você e sua mãe serão levadas, existe uma área reservada às pessoas limpas. É o Domo. Só entra no Domo quem tem o chip. Posso? — O homem pegou em meu pulso direito e, embora me olhasse nos olhos, não esperou que eu lhe desse permissão.

Incisão pequena. Milimétrica. Dor pouca. Incomodou somente quando o minúsculo chip foi inserido.

— Em poucas horas, será absorvido pelo corpo, não se preocupe. Você ainda o sentirá sob a pele, mas estará tão emaranhado em suas veias que seria preciso amputar o braço para danificar o envio de dados do seu corpo para o nosso sistema de monitoramento.

A mãe apertou a Bíblia. De tão forte, os dedos ganharam tom avermelhado.

— Não vim aqui para ser monitorada! — ela disse.

— Senhora, nesse lugar, não obrigamos ninguém a nada. Não precisa colocar, se não quiser. Mas sem o chip, não poderá seguir para o Domo. Terá que ficar fora da área das pessoas limpas.

— E o que isso significa?

— Significa que seu convívio será com pessoas que, embora não apresentem sintomas da doença, não estão limpas.

— E por que isso seria um problema, já que a doença vem das plantas? — a mãe questionou.

— Senhora, na verdade, não temos certeza se...

— Se... o quê? Se a doença também pode ser transmitida de humano para humano? É, vocês não sabem — a mãe ironizou. — Mas é evidente que sim, não é?

— Mãe, vai me deixar sozinha? — resolvi intervir.

A mãe olhou-me. Com a mão livre da Bíblia, alisou-me o ombro.

— Não, filha. Eu só não quero esse troço dentro de mim — apontou para o meu pulso, lugar onde fora implantado o chip.

— Mãe, se a senhora não...

— Está certo — ela concordou. Depois, esticou o braço.

Depois da implantação do chip, nos tiraram os celulares e as mochilas de roupas, levadas por alguns.

— Não é permitido celulares. E no Domo darão roupas esterilizadas.

— Mas... — mostrei a minha Bíblia.

— É a única coisa permitida. Podem levar, por enquanto. Antes de entrarem no Domo, o livro será desinfetado.

Nós, enfim, fomos encaminhadas para a nossa colônia.

Veículo lotado.

Corpos espremidos.

Pessoas grudando em pessoas como se a massa humana fosse uma só carne.

E era.

Naquele momento, era.

Ao fitar os rostos daqueles desconhecidos, imaginei que o bom e o ruim residiam em um só lugar. Obras da carne manifestadas nos mais diversos sentimentos – imoralidades, discórdias, ódios, rancores, egoísmos, desesperanças, inocência, confiança, união, fé, amor, esperança – estavam presentes naqueles corpos. *Nos nossos corpos*. Apesar de imaginar isso, e a despeito de achar que todos éramos um só ao fitar aquela gente, ao mesmo tempo eu sabia que éramos feitos de pedaços. Sempre fomos. Sou pedaços da minha mãe, que é pedaço da minha avó. Sou pedaços do meu pai. Meus irmãos eram pedaços também.

Pedaços.

Mastigados.

Pedaços de pão, de frutas, de legumes. Pedaços de hortaliças. Pedaços de peixe. Ou pedaços de qualquer outra carne. Esses mesmos pedaços que nos formaram estavam nos exterminando.

Passando os olhos pelos pedaços de rostos, fitei um rapaz na outra extremidade do veículo, o mesmo que eu já tinha reparado anteriormente no meio daquela multidão a caminhar para a triagem. Ele percebeu que estava sendo observado. Acenou-me com a cabeça. Envergonhada, desviei o olhar e foquei-me na mãe ao meu lado. Ela tentou sorrir. Em seguida, baixou a cabeça – olhos na Bíblia que estava em seu colo. Copiei-a no gesto e, ao fixar-me na capa do meu livro sagrado que eu também tinha nas mãos, veio-me uma das passagens, na qual Jesus molhou um pedaço de pão e deu-o a Judas. Assim que Judas comeu o pão, o diabo entrou nele. E Jesus disse: "O que tens para fazer, faze-o logo".

No sacolejar do veículo a caminho da colônia, olhos baixos para a Bíblia, pensei: "Será que esta vida em pedaços nos trairia outra vez?"

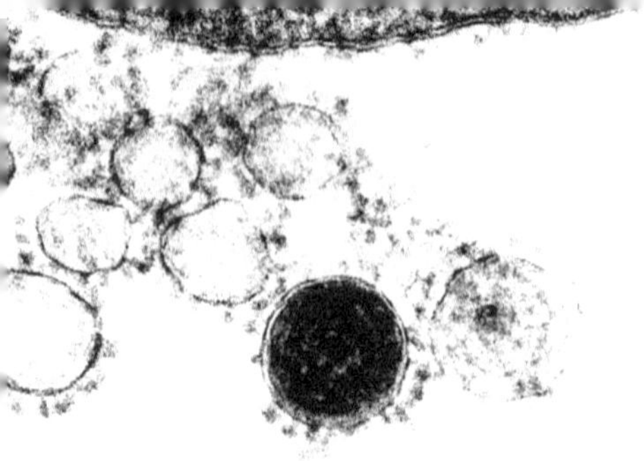

14

Meus lábios ganharam a plasticidade de um sorriso. A expressão em meu rosto tomou para si a beleza daquelas imagens que eu assistia em tela gigantesca. Natureza exuberante. Cachoeira. Mar. Pássaros. E pessoas felizes a caminhar por aquela Terra, que, um dia, desnudara-se a nós exatamente daquela maneira. Achei que fosse um paraíso. Por um instante, achei. E, apesar do encanto abraçar-me, envolver-me o corpo por inteiro, não pude frear a pensamento de que nós – todas as pessoas do mundo – havíamos sido expulsos daquele Éden, assim como Adão.

"*O Senhor Deus, pois, o enviou para fora do jardim do Éden, para lavrar a terra de que fora tomado*[5]".

E assim como Eva comera do fruto proibido, nós havíamos comido o fruto e todos os outros alimentos proibidos, infestados com o vírus. E não havia mais terra boa a ser lavrada. No momento em que eu apreciava a beleza das imagens transmitidas, a única coisa que eu cultivava era o desejo de melhora. Um pouco que melhorasse, pensei, estaria bom. Esperança, afinal, era uma palavra forte demais.

Naquele instante, era.

A mãe, ao meu lado, não parecia tão admirada quanto eu.

— São apenas imagens. Esse mundo não existe mais — ela me disse, voz baixa.

Mas era aquele mundo que o Governo queria resgatar. Aquele era o mundo que voltaria a existir, eles nos garantiram. Não sabiam exatamente quando. Poderia demorar anos. Que tivéssemos calma. Que entendêssemos que as colônias eram o primeiro passo e que o Domo era, sem dúvida, o passo mais importante. Nos disseram, inclusive, assim que a projeção terminou, que nós, as pessoas limpas, estávamos ali exatamente para isso, para ajudarmos no resgate de tão belo mundo.

Assim que eu, a mãe e os outros adentramos na colônia, senti – pela primeira vez desde que todo o inferno começou – que estávamos, se não no céu, ao menos no purgatório. E ao sermos enviadas ao Domo, a expectativa de que um pedacinho do firmamento estava na Terra, envolveu-me.

Ninguém que entrava no Domo o fazia sem passar pela esterilização. Assim, nós fomos encaminhadas para uma sala. Ficamos nuas e um jato com produto esterilizante nos atingiu. Em seguida, deram-nos roupas limpas. Nossas Bíblias, já desinfetadas, também nos foram entregues.

Dentro do Domo, tudo era lindo. E limpo.

Especialmente limpo.

O oxigênio que respirávamos era filtrado, eles nos explicaram. Fora do Domo respirava-se o ar viciado e poluído. "Não seria também contaminado?". De toda maneira, nós, as pessoas limpas, tínhamos o privilégio. O Domo era puro. Tão puro quanto uma sala de cirurgia.

Nos separaram em grupos. Monitores nos guiaram. Apresentaram-nos todo o complexo. Além dos prédios onde passaríamos a maior parte dos nossos dias, vimos os centros de pesquisa científica, os laboratórios, lugares no qual seríamos submetidos a alguns testes, e, ao lado, vimos a fachada de um hospital que atenderia a todas nós, caso houvesse a necessidade de primeiros socorros e outros atendimentos relativos à saúde. Também observamos três fachadas da indústria alimentícia do Domo.

— É proibida a entrada de pessoas sem autorização. De qualquer forma, é importante que saibam que o alimento de cada um de vocês é produzido nesses lugares. Ali – o monitor apontou para uma das fachadas – é o centro de inseminação e reprodução; ao lado, é onde a *carne pura* é selecionada. — O homem fez uma pausa. Neste hiato entre o som das palavras e os barulhos do pensamento, fiquei com o pensamento: "Carne pura, de onde, afinal?". O impulso de perguntar me fez ensaiar o gesto de levantar a mão, mas me contive. E a apresentação continuou: — E naquele espaço, é onde a carne *modificada* é produzida, transformada em ração ou hambúrgueres. Deliciosos, por sinal. Ao fundo da indústria alimentícia, há a estação da purificação da água. Tão segura quanto a comida, a água aqui é livre do vírus, claro. Nas extremidades do complexo, temos as áreas humanas específicas. E logo ali – ele apontou para o Centro de encontros – é uma área comum de convívio e é onde fazemos nossas transmissões e nossos cultos.

Foi nesse Centro de encontros que projetaram o mundo perfeito e nos alimentaram com palavras esperançosas, embora a mãe não tenha se entusiasmado ao assistir às imagens, tampouco se empolgado ao ouvir o discurso do homem que se apresentou como sendo o *nosso* Messias. Confesso que também não fui arrebatada. Não completamente. Como eu disse, esperança, naquele momento, era uma palavra muito forte. Não seria bom ir com muita sede ao pote.

Afora o espaço no qual estávamos – também os centros de pesquisa científica e a indústria alimentícia, que eram únicos –, eles nos explicaram que em cada subdivisão de área existia um Centro de encontros.

Com sorrisos grudados nas faces, agindo como se ventríloquos fossem, o *Messias* do vídeo e os monitores presentes, nos desejaram uma boa nova vida ali no Domo.

Ao ouvir tais palavras, eu não tinha ideia, nenhuma ideia, de como seria viver naquele lugar. A primeira coisa que fizeram, assim que deixamos o Centro de encontros, porém, não foi boa.

Eles me separaram da mãe.

Não sem que eu e ela resistíssemos.

Nos agarramos uma à outra. Não queríamos nos separar. A despeito de tudo o que havíamos visto e ouvido, tínhamos medo. *Eu tinha medo.* Queria a mãe do meu lado, junto a mim vinte e quatro horas. Acho que ela também. Então, nos entrelaçamos. Apertamos os nossos corpos – as nossas Bíblias no meio de nós, na altura de nossos seios – e viramos uma só carne. Misturamos nossas ansiedades, nossos medos, incertezas, também as nossas lágrimas. Nosso abraço era como o cordão umbilical a nos unir de novo. Sem ele, o abraço a nos fundir, tive a sensação de que não respiraríamos. Demos trabalho aos monitores. Dois responsáveis pela segurança precisaram ser acionados: um homem e uma mulher. Encarregados de manter a ordem do lugar, esforçaram-se para nos desvencilhar. Eu e a mãe nos agarramos de um jeito que, por pouco, os seguranças não apelaram para violência. Um deles me agarrou pela cintura ao mesmo tempo em que tentava libertar as minhas mãos agarradas ao corpo da mãe. Com ela, deu-se o mesmo. Assim, fui puxada de um lado, a mãe de outro, até que nos soltamos. E caímos. Nossas Bíblias também acompanharam a queda.

Nos levantaram com jeito. Preocupados, até.

— Vai ficar tudo bem — disse a mulher, no instante em que apanhou a Bíblia do chão e a entregou para a minha mãe.

— Sua mãe vai ter o mesmo tratamento que você — garantiu-me o homem, eu já com o meu livro sagrado nas mãos.

Eles nos contaram das subdivisões.

E nos garantiram que aquela era a melhor maneira de tudo dar certo. Disseram-nos que o Governo sabia o que estava fazendo. Será? Não retruquei. A mãe, muda, guardou para si as palavras contrárias àquela afirmação. Sem que nada pudesse ser feito, aceitamos a separação.

Não fomos as únicas a resistirem e a serem separadas. Homens e mulheres foram direcionados a áreas específicas. Crianças e velhos também foram levados para lugares distintos. Embora estávamos ali em razão de sermos iguais em nossa carne – a carne limpa –, éramos, naquele momento, tratados de maneira diferente.

O motivo?

Aquele *modus operandi* era o jeito de fazer com que a saúde fosse preservada, de fazer com que tudo desse certo, eles explicaram.

Contudo, eu descobriria mais tarde que as coisas dariam muito errado!

15

Fui acompanhada por olhares. A cada passada minha, elas viraram o pescoço e escoltaram os meus passos. Cinco moças. Pela aparência que tinham, eram jovens entre dezessete a dezenove anos, concluí. Três delas sorriram-me. Outras duas mantiveram os músculos congelados na face. Não me pareceram dispostas a demonstrar civilidade, ainda que fosse apenas por mera obrigatoriedade.

— Meninas, esta é a nova companheira de vocês — avisou a monitora que me conduzira até ali. Ato contínuo, retirou-se sem prolongar as apresentações.

Ouvi de uma e outra menina um “oi”. Retribuí. E caminhei em direção ao meu lugar carregando em meus passos a timidez e um certo desconforto.

Assim que cheguei na cama que seria a minha, a companheira ao meu lado apresentou-se:

— Sophia, com “ph” — ela enfatizou.

Nos cumprimentamos. Sorrisos mixurucas em nossas faces.

— Sou Maria, filha de Isabel e Samuel, irmã de João e Pedro — falei.

Jeito estranho de me apresentar, eu sei. Mas eu queria que ela soubesse que eu não estava sozinha no mundo. Que soubesse que, apesar do vírus, eu tinha uma família. Não me importava que o pai e os meus irmãos estivessem debaixo da terra. Eles, afinal, nunca deixariam de ser o que eram. Ainda que mortos, sempre estariam vivos dentro de mim, existindo como família.

— Não tenho mais ninguém — disse Sophia. E sentou-se em sua cama, que era separada por um espaço de cerca de um metro da minha, não mais do que isso.

Ela era bonita. Pele negra, cabelos crespos, grandes. Rosto angelical. Fitou-me com olhar triste, mas, ao mesmo tempo, esperançoso.

Havia, naquele quarto, seis leitos. Mesas de cabeceira respectivas à cada cama e um armário simples para guardarmos as roupas que recebemos. Para mim, cinco peças e algumas calcinhas.

— O pai e os meus irmãos se foram, não resistiram à doença. Mesmo assim, estão comigo — expliquei.

— E a sua mãe?

— Eles a levaram.

— Para a área dos idosos?

A mãe não era idosa. Ao menos, para mim, havia juventude nela. Uma juventude machucada, esfolada, sofrida, é claro. Mas estava ali. Nalgum lugar do rosto de *idosa* dela, a juventude existia. Como somente eu via tal juventude, concordei com Sophia e balancei a cabeça, respondendo-lhe, sem palavras, a pergunta que ela me havia feito.

— Sua mãe ficará bem — disse-me outra menina, aproximando-se de nós.

— Sou Hanna.

Coloquei minha Bíblia sobre a mesa de cabeceira e, no misturar dos gestos, minha mão que pousou o livro cumprimentou a moça de nome também bíblico, assim como o meu.

— Levaram a minha mãe também. Não é tão ruim quanto parece. Eles nos permitem visitas a cada quinze dias. Só temos que nos comportar e sermos boas meninas — disse ela.

— É, é tudo o que precisamos fazer: nos comportar. Se a gente se comporta, tudo fica bem — avisou Sophia.

— O que significa, exatamente, nos comportar? — perguntei.

— Basicamente, fazer o que nos pedem — disse outra das meninas, duas camas depois da minha. — Ir aos "testes de saúde" — ela fez o sinal das aspas com os dedos —; aos cultos; aceitar as determinações, essas coisas.

Hanna e Sophia, que prestavam atenção na colega, voltaram-se outra vez para mim. Praticamente juntas, reafirmaram:

— Só tem que fazer isso!

Então, eu sorri.

Parecia simples.

Mas nada era o que parecia ser.

Nunca é.

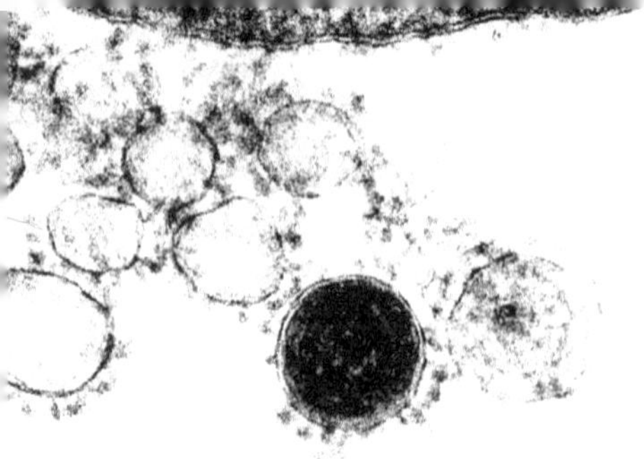

16

"*Deus os abençoou e lhes disse: 'Sejam férteis e multipliquem-se! Encham e subjuguem a terra!' (...) 'Quanto a vós, sede fecundos, multiplicai-vos, povoai a terra e dominai-a!'*", pregou a pastora, aos berros.

Ela disse o seu nome. Flor. Naquele mundo onde as plantas significavam a morte, aquela mulher que se chamava Flor, no palco, com as mãos apoiadas no púlpito, usava de toda a sua fervorosa interpretação para nos representar a vida. E tentava fortalecer o sentido do viver ao derramar em nós as palavras do Senhor. Ao ouvi-la enfatizar aquelas passagens bíblicas, confesso que não entendi o propósito, tampouco me senti fortalecida. Naquela minha primeira participação no culto, Gênesis 1:28 e 9:7 não faziam o menor sentido para mim. Por que sermos férteis? Qual a razão do "multiplicai-vos", encher e povoar a Terra? Como, se estávamos todos morrendo? Se a Terra havia se transformado no palco do Apocalipse, ao darmos ouvidos à pastora, estaríamos povoando o quê, o inferno? Além disso, ali na colônia, eles haviam nos separado: homem e mulher. Então, ainda que alguma de nós quisesse, não seria possível fecundação. Férteis, apenas os meus pensamentos.

De todo modo, participar do culto tinha tido o lado bom. Era como se estivéssemos no domingo, em um daqueles domingos dos tempos em que a vida era normal. Em uma época na qual o Senhor nos recebia de braços abertos e, ao deixarmos o culto, levávamos para casa a sensação de termos sido perdoados pelos nossos pecados, fossem eles quais fossem.

Antes do culto, havíamos sido despertadas cedo, às sete horas, e seguimos para o café. Em todos os prédios, no térreo, havia um refeitório. Apesar de comida nenhuma ser feita naquele espaço, era ali que três vezes ao dia nos alimentávamos da ração e dos hambúrgueres que vinham da indústria alimentícia do Domo.

Após o horário do café, as garotas, em sua maioria, seguiram caminhos diferentes. Poucas voltaram para o quarto. Uma e outra foram incumbidas de atividades que, para mim, não eram muito claras. Apesar do meu interesse em saber, a resposta que tive foi:

— Tudo a seu tempo, Maria — disse-me uma das monitoras da nossa área.

As meninas do meu quarto também não tinham conhecimento exato das atividades. Para elas, o discurso era o mesmo: tudo a seu tempo.

Havia tempo para tudo. "*Tudo tem o seu tempo determinado, e há tempo para todo o propósito debaixo do céu.*

Há tempo de nascer, e tempo de morrer; tempo de plantar, e tempo de arrancar o que se plantou. Tempo de matar, e tempo de curar...[6]"

Será que a Bíblia estava certa? Será que, com o tempo, nos curaríamos?

Ainda que eu e a mãe estivéssemos ali na colônia, privilegiadas por sermos parte das pessoas limpas, eu tinha dúvidas. Muitas. Esperança, repito, era palavra forte demais.

Mas uma coisa era certa: nada seria possível se não nos submetêssemos ao regime das ações impostas a cada área da colônia. E uma das ações, era servirmos de cobaia. Por isso mesmo, após o café, levaram-me para o laboratório de pesquisas. Para o que iriam fazer, jejum não seria necessário, disseram-me.

Sala imaculada, toda branca, incluindo a cadeira na qual fui acomodada. Fiquei sozinha por um tempo, esperando. Uma enfermeira entrou. Trouxe, com a agulha em mãos, um sorriso confiante. Grudada naquela expressão, estampada na face desconectada de sofrimento, a simpatia da mulher madura à minha frente parecia vir de outro planeta. O caos do mundo, definitivamente, não parecia habitar aquele rosto.

— Precisamos do seu sangue — ela avisou, dentes à mostra. — Só levará um minutinho.

Tudo bem, eu não via problema em deixar que tirassem o meu sangue, que estudassem o meu DNA, que me monitorassem vinte e quatro horas por meio do chip da saúde.

Um minutinho, e um tubo de ensaio cheio depois, fui dispensada. E orientada a não perder a hora do culto.

As palavras anacrônicas citadas pela pastora ficaram em mim durante todo o resto do dia. Já noite, de volta ao quarto, séria, ao lado de Sophia, sondei:

— Que história foi aquela de "sejam férteis e multipliquem-se"?

— Ah, a Flor sempre lê essa passagem para nós. Em todos os cultos — respondeu-me Sophia.

— Mas, por quê?

— Você não entendeu? — perguntou-me Hanna, que estava conosco.

Em silêncio, cabeça de um lado ao outro, fiz que não.

— A Terra que um dia será fecundada com nova vida é esta — ela olhou para cima e fez um gesto com as mãos, formando um círculo. — O Domo... esta será a nossa nova Terra.

— Se assim for, o que... o que acontecerá com todos que estão fora do Domo?

Na outra extremidade do nosso quarto, Morana me olhou. Estatelou os olhos em mim por tempo que achei longo demais. Enfim, intrometeu-se:

— Acontecerá o que já vem acontecendo. Todos morrerão!

— Não liga pra ela — aconselhou-me Hanna. — De todas nós, aqui neste quarto, ela é a mais pessimista. Não consegue ver nada à sua frente além de desgraça e morte.

Voltei meu olhar para Morana. Ela continuou fixa em mim. Ah, quantas palavras existiam naquele olhar! Por um instante, achei, sinceramente, que ela era a mais lúcida entre nós.

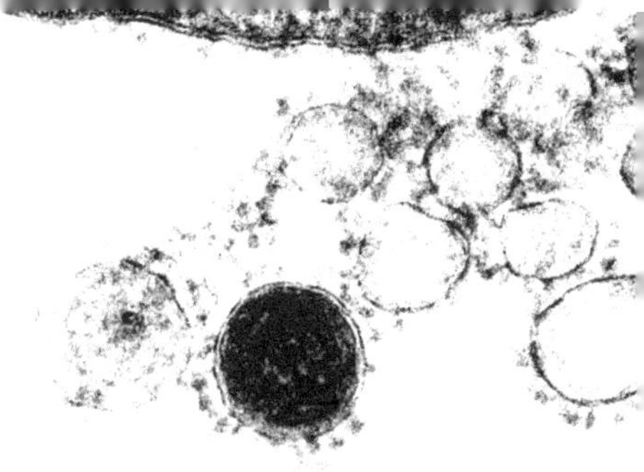

17

Meus primeiros dias foram carregados de ansiedade. Peso nos ombros. Cruz invisível a dificultar-me o arrastar das horas. Além disso, reincidências tornavam maçante a passagem dos dias. Sempre a mesma coisa: levantar às 7; ir para o refeitório; ao menos uma vez por semana – sem que eu entendesse a razão da frequência – entregar meu sangue e corpo às coletas científicas; participar do culto e, conforme dissera Sophia, ouvir a pastora Flor desabrochar as mesmas passagens de Gênesis. Eu não entendia a insistência dela em ressaltar as palavras sobre fertilidade e multiplicação. Será que desejava nos dopar os pensamentos com aquelas mensagens? Será que ela imaginava mesmo que aquela pregação era uma espécie de remédio para a nossa alma?

Não. O remédio para nós, aliás, era outro.

Todas as manhãs nos obrigavam a ingeri-lo. Explicaram-me que fazia parte do tratamento experimental preventivo contra o novo vírus. Se para entrar no Domo tivemos que colocar o chip da saúde, para permanecer nele tínhamos que, obrigatoriamente, tomar nossa drágea.

Em uma das manhãs que se repetia, para que nenhuma monitora nos escutasse, eu comentei baixinho à Sophia:

— Não gosto dessa parte — apontei para o medicamento. Em seguida, o engoli. — Sei que estão nos estudando, usando-nos como cobaias, mesmo assim...

— Pense nos comprimidos não como um medicamento preventivo experimental, e sim como as pílulas da boa convivência, pois, para mim, é exatamente o que elas são. Nós a chamamos de pílula da harmonia — disse-me Sophia. E sorriu. — Nós tomamos e permanecemos sociáveis; não ficamos à beira de nos atacarmos umas às outras. Reparou na harmonia existente aqui no Domo? — Fiz que sim, em silêncio. — Sem as pílulas, esse lugar não seria o paraíso que é.

— Para mim, o Domo não é um paraíso. E não sei se as pílulas são boas assim, pois eu não me livrei, ao menos por enquanto, da ansiedade dos dias.

— Leva um pouquinho de tempo. Mas você se acostumará! — garantiu-me ela. — Logo sentirá esse efeito colateral da harmonia.

Calei-me. Esbocei sorriso de canto de boca e não continuei a conversa. Sophia também não. No silêncio que predominou, quem falou alto foi a minha mente: "O medicamento experimental proporcionava-nos bem-estar ou éramos sociáveis e aceitávamos as coisas – fossem elas quais fossem – por que ficávamos dopadas?"

Fiquei com esta pergunta em mim por muito tempo. A resposta, tanto para esta questão das drágeas quanto para a persistência da pastora Flor em nos doutrinar à fertilidade, eu saberia tempos depois.

E o que descobri não foi nada bom.

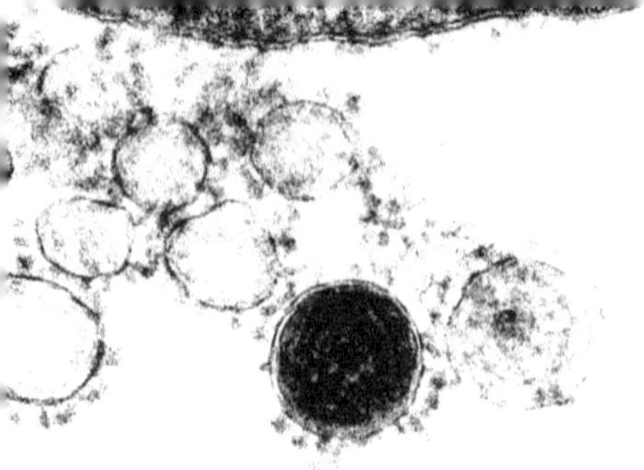

18

Sem esticar mais do que o necessário o choque da realidade, segui o conselho de Sophia e fui uma boa menina. Assim, os dias passaram tranquilos. Foram até tediosos. Vez e outra, para combater o enfado, eu me dedicava à leitura bíblica à minha maneira, absorvendo as passagens que eu mesma escolhia. Quinze dias após minha chegada na colônia, descobri que a mãe fez a mesma coisa: passou horas e horas alimentando-se das palavras do Senhor. Ela mesma me contou, não com o ânimo muito diferente daquele que ela demostrou pouco antes de sermos separadas.

A despeito de o encontro com a mãe ter tido nas entrelinhas o pessimismo, vê-la foi de grande emoção para mim. E para ela também, óbvio. No Centro de encontros, quando vi a figura da mãe apontar do emaranhado de pessoas, meu coração disparou. Ela, guiada por uma das monitoras, vinha em minha direção. Tive vontade de encurtar a nossa distância, vontade de correr e juntar nossos corpos, apertar e apertar, até que, unidas, fôssemos uma só outra vez. Cheguei a levantar-me.

A recomendação, todavia, era a de que ficássemos quietas, aguardando a chegada e aproximação do membro da família, sem tumulto, sem fazer estardalhaços.

A mãe abriu sorriso ao me ver.

Eu abri os braços.

Nós nos unimos.

Eu chorei. Quietinha, silenciosa.

Meus soluços disfarçados, um tanto contidos, misturaram-se ao ritmo do coração da mãe, tão descompassado quanto o meu.

— Filha! — ela esboçou.

— Mãe! — retribui.

Não seria necessário mais nada além disso. Palavra nenhuma precisaria para que nossa conversa se completasse. O silêncio e a emoção de estarmos juntas falariam por nós. Ainda assim, a mãe, ao se desvencilhar do abraço, perguntou:

— Como você está?

— Estou bem, mãe. E a senhora?

— Bem. Na medida do possível.

O que significava aquilo? Na medida do possível, por quê?

Não tínhamos a obrigatoriedade de ficarmos enfurnadas no Centro de encontros. Poderíamos, se fosse de nossa vontade, caminhar um pouco pelas alamedas do Domo. Havia naquele emaranhado de caminhos, um jardim, não muito distante do Centro de encontros. Local bonito. Muito bonito. A grama e as árvores, de tão verdes, pareciam artificiais. Não seriam, de fato? Será que o jardim não era de espécies geneticamente modificadas? Esses pensamentos me acompanharam ao nos direcionarmos para lá. Fomos eu, a mãe, e algumas outras. As monitoras, mesmo de longe, nos observavam.

— Estão tratando bem a senhora? — perguntei, entre passos.

— Eles são muito corretos, não são? Ordem acima de tudo. Higiene impecável. Comida na hora certa. Exames também sempre na mesma hora. Cultos religiosos. E esta nossa visita, que poderemos repetir a cada final do ciclo de uma quarentena de quinze dias. Nossas companheiras de quarto. Tão corretas. E tão... estranhas!

— Como assim, mãe? O que está acontecendo lá na ala da senhora?

— O que acontece numa ala de idosos?

— Me responde você, mãe.

— Esse lugar não é diferente das casas de repouso, dos asilos nos quais os velhos são, *ou eram*, depositados. Aqui acontece a mesma coisa: nos doutrinam, nos enganam para, no fim, acreditarmos que teremos uma morte digna.

— Mãe...

— Desculpe, filha. Não era para falar assim. Aparentemente está tudo certo. Estão nos tratando bem.

O erro é eu estar lá. Não sou tão velha assim. Enfim... E você?

O movimento positivo de minha cabeça veio antes das minhas palavras. Ao responder, apenas reforcei:

— Tudo bem, mãe.

— Como são os seus dias por aqui?

— Ao que parece, iguais aos seus. Vou ao culto, aos exames. Acato normas.

— Obedecer às normas... seguir as regras... E dizem que somos privilegiadas, que estamos em um *novo paraíso*!

— Comparado ao que a vida lá fora era, *e ainda é*, talvez estejam certos — afirmei.

— É, talvez estejam. Tem dias, filha, que sou mais otimista. Acho que seremos salvas, sinceramente acho. Chego a comparar este Domo com a Arca. — A mãe olhou à nossa volta. Seus olhos acompanharam a extensão transparente do Domo. — A pergunta que me faço todas as vezes, porém, é: "Será que sobreviveremos a esse dilúvio da morte?".

— Estamos aqui justamente para isso; para sobrevivermos. Tudo vai dar certo, mãe.

Eu sorri. Entrelacei um de meus braços no dela. Nós nos fitamos. Não houve mais sorrisos depois disso. Ficamos quietas, conversando com os olhos. Ora e outra passeávamos a vista pelas pessoas a caminhar no parque.

Embora eu tenha dito para a mãe que tudo daria certo, não havia como saber. Tais palavras, portanto, eram tão somente uma força de expressão. A mãe, certamente, achava o mesmo. Nós duas, afinal, estávamos em um mundo novo, no qual o novo era um mistério. Ainda era.

19

Em passos lentos, eu, Sophia e Hanna caminhávamos pelas alamedas do Domo. Íamos com calma. Ora e outra, eu me admirava com as imagens de um mundo perfeito projetadas em grandes painéis espalhados pelo caminho. Admirava-me com as palavras do tal Messias. Aquelas telas gigantescas, no ato de transmitir uma vida que ainda não existia, não exatamente daquela maneira (mas que era a promessa para o nosso futuro), de algum modo deixava-me um pouco mais otimista. Assistir à representação do que seria o *nosso* paraíso dentro do Domo despertava em mim um pouco de otimismo. Se eu não era tão esperançosa quanto a maioria das mulheres dali, ao menos mais esperançosa do que a minha mãe eu era. Tanto que algumas normalidades, dessas que existiam em tempos passados – época em que não se cogitava sobre o vírus –, passaram a fazer parte dos meus dias. Uma dessas "normalidades" era espiar as outras alas.

Curiosas, eu, Sophia, Hanna vasculhávamos o proibido. O setor designado aos homens estava a passos de nós.

O que nos separava era uma cerca de vidro emoldurada por vegetação. Uma espécie de trepadeira impedia parcialmente a nossa visão, mas entre uma e outra fresta verde, conseguíamos apreciar o outro lado. Como os passeios sempre eram feitos sob o olhar das monitoras, tínhamos que ser discretas.

Não passava pela minha cabeça espiar a ala masculina. Aconteceu porque Sophia e Hanna insistiram tanto que aceitei acompanhá-las.

— Vamos lá, Maria. Vamos colocar um pouco de emoção nessa rotina chata — instigou Sophia, certo dia.

Estávamos no meio da tarde, sem nenhuma obrigação a nos impedir de passear um pouco. Eu lia a Bíblia, deitada em minha cama, quando as meninas me convenceram.

Tínhamos tempo. Poderíamos caminhar por uma hora, ou até mais, sem que as monitoras nos obrigassem a voltar. Era até bom que fizéssemos isso. Ao passearmos, nos deparávamos com a oferta do futuro nas telas de projeção. E quanto mais as pessoas assistiam, mais acreditavam.

O dia brilhava, sol a pino. Deveria estar calor. Não para nós. Não dentro do Domo. Ali, a temperatura era controlada. Da mesma maneira que o oxigênio que recebíamos era filtrado, climatizadores impediam que o Domo virasse uma estufa. Naquela nossa bolha privativa de vida, eles controlavam o calor, o ar. Também a chuva. Nos dias em que o céu virava em tormenta, toda a água que despencava das nuvens batia no Domo e, ao escorrer pela esfera, parte dela era absorvida, filtrada, e derramada no interior como se fosse uma garoa fina. Era quase como um vapor d'água controlado. A umidade era liberada na medida exata para a vegetação se alegrar.

Como eu disse, olhávamos com discrição para a ala dos homens quando Hanna sugeriu que chegássemos mais perto.

— As monitoras... — avisei.

Hanna, em gesto natural, prestou atenção. Fitou uma delas, ao longe. Em seguida, revelou:

— Existem alguns pontos onde podemos nos arriscar. Eu sei quais são. São áreas com mais árvores e plantas. Se nos misturarmos às vegetações, poderemos nos aproximar da cerca e, então, teremos uma visão privilegiada dos nossos rapazes — Hanna sorriu.

— Nossos? — Sophia, também sorrindo.

— Gente... não vai acontecer nada. Vamos lá! — Hanna insistiu.

E nós fomos.

Sem que as monitoras percebessem, nos ocultamos entre as árvores e plantas.

E foi assim que aquele pedaço da cerca de vidro transformou-se na nossa tela de cinema. E o que eu assisti, fez o meu coração acordar.

Eu o vi.

Da mesma maneira que nossos olhares se cruzaram na triagem e no caminho para a colônia, estávamos, de novo, contemplando a face um do outro.

20

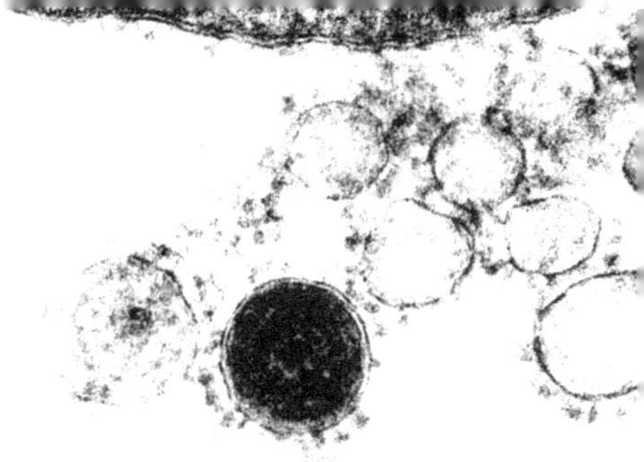

A noite chegou, levou embora o dia. Carregou também o tédio. No lugar do fastio, deixou-me anseios. Fui tomada pela surpresa, invadida pelo inimaginável ao me surpreender assistindo na memória, repetidas vezes, aquele rosto. Vinte e dois, vinte e cinco anos, não mais. O desalinho dos cabelos contrapunha ao alinhamento da face, geometricamente equilibrada: queixo, boca, nariz, olhos. A proporção gregoriana fazia daquele rosto algo como uma figura renascentista. Era como se Adão, figura do quadro *A criação de Adão*, pintado por Michelangelo, ganhasse vida. E eu quis, por um instante quis, estar no lugar de Deus para esticar o dedo e tocar naquele que eu apreciava. Apesar do impossível toque, o rosto e o olhar profundo dele grudaram em mim.

Eu tinha o direito? Será mesmo que, diante de todo o caos do mundo, frente a tantos que perderam a vida, eu tinha o direito de me entregar àquela veemência de sentimentos? O fervor que me fez corar, o meu coração descompassado, essas sensações que pareciam, e eram, prenúncios de interesse, quiçá espécie de paixão, eram um direito meu? Eu tinha o direito de me sentir atraída por outro alguém? Esse questionamento não me largou desde que voltei para o quarto. E misturou-se com outra indagação: tínhamos o direito de estarmos no Domo? Eu, a mãe, todos sob a esfera éramos pessoas limpas, eu sei. Éramos, conforme nos disseram, remanescentes capazes de garantir a continuidade da raça humana. Além de sermos escolhidos pelo Governo, éramos, eu não tinha dúvida com relação a isso, também os escolhidos de Deus. Ainda assim, ainda que Deus tivesse apontado o dedo para nós e, de alguma forma, nos preservado, tínhamos o direito de estarmos naquele lugar, protegidos, vivendo como se estivéssemos no Éden?

Eu estava deitada na cama – olhar preso no teto – pensando sobre tudo isso quando Sophia me perguntou, voz baixa:

— O que foi aquilo?

— Aquilo o quê?

— Você e aquele rapaz. Não pense que não reparei. Bastou ele olhar para você e seu rosto corou.

— Fiquei sem jeito, só isso.

— Não foi o que pareceu.

— Eu não o conheço — esclareci.

— Nem vai conhecer. Ao menos, não sem uma cerca de vidro entre vocês. Nos separaram, homens e mulheres, porque acham que um relacionamento amoroso aqui dentro pode atrapalhar os planos que eles têm para nós, sejam esses planos quais forem.

A conversa baixa me fez imaginar que ninguém mais nos escutava. Mas Morana nos olhou. Da extremidade do quarto, ela levantou-se de sua cama e veio até nós.

— Vocês não entenderam nada, né?

— O quê?

— Os planos que eles têm para nós.

— Somos a esperança de uma linhagem pura, sem a doença. E o Domo... o Domo é a possibilidade de uma nova Terra — eu disse. Apenas repeti o que Hanna e todos os administradores, monitores, pastores e o próprio *Messias* vivia dizendo.

Morana, expressão enigmática, parecendo, na verdade, uma boneca de cera, balançou a cabeça em sinal afirmativo.

— Talvez os planos para nós sejam grandiosos assim. Tomara. Mas, se somos a linhagem pura, e se não é permitido relações amorosas dentro do Domo, como é que essa nossa linhagem se propagará? Não que eu aprecie o sexo com homens, que fique claro! — Morana sorriu, olhar fixo em mim.

Eu e Sophia grudamos os olhos em nossa companheira. A pergunta dela era boa. Fazia todo o sentido. Porém, era o tipo de questionamento que espalhava dúvida, incompreensão e incerteza. Não sabíamos o que dizer. Não dissemos nada, portanto. Tentamos, mas ficamos buscando, naquele silêncio, resposta que não veio.

No dia seguinte, a pastora Flor fez um sermão inspirado. Ora lendo passagens da Bíblia aberta sobre o púlpito transparente, ora usando das próprias orações, mostrou-nos o caminho. Feito Moisés, abriu-nos o mar e nos conduziu para pseudoverdades.

— Por que o Senhor nos trouxe para essa Terra? Por que estamos aqui? Nós fomos escolhidas, irmãs. Nós, as pessoas puras, somos a promessa de um mundo novo. Esta... — Flor fez o gesto de uma cúpula com o indicador da mão direita — Esta é a nossa Terra Prometida!

Canaã foi a Terra Prometida pelo Senhor aos seus escolhidos. Deus chamou Abraão e lhe ordenou que partisse para Canaã, terra farta e produtiva, de onde jorrava leite e mel. Aquela Terra, porém, não existia mais. O leite e o mel jorram apenas na passagem bíblica. Então, se a Terra Prometida pelo Senhor fora castigada, deflagrada pelo vírus; se o Domo citado na Bíblia não foi capaz de proteger a Terra das ameaças, tampouco da doença, a pastora afirmar que o *nosso* Domo e os Domos existentes também em outras colônias eram a Terra Prometida reforçava o que já vínhamos escutando. Reforçava o que algumas de nós pensavam, reforçava o que Hanna dissera. Sendo assim, aquilo que eu falei à Morana sobre o Domo ser a possibilidade de uma nova Terra estava correto. Era exatamente isso que passeava pela minha mente quando a Flor voltou seu sermão para a fertilidade. Outra vez: "... *sejam férteis e multipliquem-se! (...) Quanto a vós, sede fecundos, multiplicai-vos, povoai a terra...*".

Flor deixou o púlpito. Começou a andar de um lado ao outro no palco. Com gestos e palavras ensaiadas, atraiu à todas feito um imã.

— Está próxima a hora, irmãs. Ouçam. Fiquem atentas.

Nessa hora, o rosto do Messias apareceu na gigantesca tela de projeção no fundo do palco. Com ar sério, porém leve, reforçou o discurso da Flor.

— Logo o Senhor derramará a bênção sobre vocês e lhes guiarão pelo caminho da multiplicação. Vocês... cada uma de vocês será chamada. E quando acontecer, entreguem-se. Ofereçam de bom grado o seu corpo aos desígnios de Deus. Vocês são a esperança. Vocês são o instrumento e a semente da nova vida — finalizou ele com um sorriso.

Flor gritou:

— Aleluia!

— Aleluia! — repetiram em coro.

— Aleluia! Aleluia! — gritou a pastora outra vez, Bíblia em riste, apontada para o topo da abóbada do Domo.

As jovens e as mulheres à minha volta tornaram a reproduzir, com veemência, a interjeição.

Aleluia! Aleluia!

Eu as acompanhei. Primeiro, com reservas, voz baixa e tímida. Depois, apertando a minha Bíblia no peito, entreguei-me. Aos brados, mesmo sem pesar as palavras da pastora e do Messias, sem considerar consequências, concentrando-me apenas na importância que tínhamos por sermos instrumentos do Senhor, eu me permiti ser como as outras. Eu segui a massa.

Morana, que estava entre Hanna e Sophia, sentada à minha frente, virou a cabeça para trás e olhou-me. Em sua expressão, a pergunta que ela havia nos feito à noite ganhou volume em mim outra vez. "... se somos a linhagem pura, e se não é permitido relações amorosas dentro do Domo, como é que essa nossa linhagem se propagará?".

Eu ainda não sabia.

A pastora havia dito que éramos as escolhidas. O Messias disse que ao sermos chamadas, que nos entregássemos, fizéssemos o papel que Deus esperava de nós.

Confesso: naquele instante, pensamento pecaminoso percorreu-me a pele, passou pela espinha, atingiu-me a nuca. Eu senti frio no estômago. Senti arrepio. Imaginei, com desejo inesperado e impulso libidinoso – sensações a que eu não estava acostumada –, que se fosse para propagar a minha linhagem, que fosse com ele, o rapaz cujo nome que eu sequer sabia.

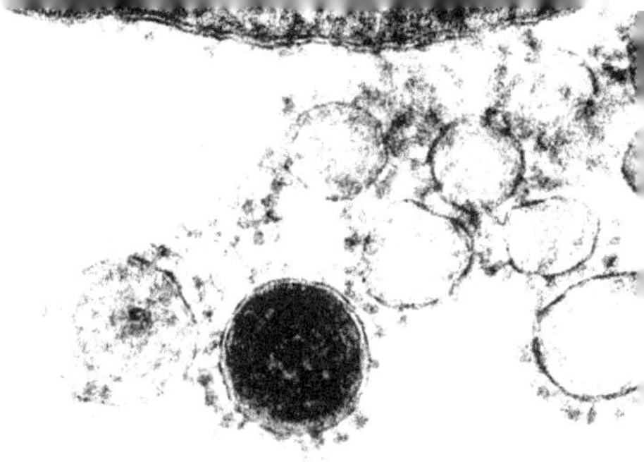

21

Pessoas se empanturravam com a carne. Na ala G, a gordura inflava e ganhava ainda mais massa. Naquela colônia, diferentemente da nossa, a ordem não imperava. As regras não eram iguais. Onde eu e a mãe estávamos, havia obediência. Onde os gordos estavam, reinava a desobediência e o exagero. Não exatamente por culpa deles. Dada a situação, a urgência em comer, comer e comer colocava a educação à margem. O pão nosso de cada dia tornava o dia um inferno. Os monitores trabalhavam, não com afinco, para dar um jeito no caos. Acontecia que os esfomeados não obedeciam à fila, esticavam as mãos e agarram-se aos hambúrgueres feito animais, como se aquela fosse a última refeição deles. Não era. Era apenas uma entre as muitas oferecidas. Eles comiam cinco, seis vezes ao dia. E comiam muito. Não havia dúvida de que o intuito da ala G era o de engordar ainda mais aquela gente. Quando eu soube disso, não fui capaz de entender o motivo. Quando a mãe me contou, imaginei logo que era invenção dela. As coisas lá não deviam ser do jeito que a mãe narrava. Ela me garantiu que, se não era daquela maneira, deveria ser pior. Garantiu-me, ainda, que a pessoa que lhe havia contado aquilo era confiável. Companheira antiga de sua ala, era certo que a pessoa sabia, se não de tudo, da maioria dos fatos. O que a pessoa não detalhou para a mãe foi o desdobramento da comilança. "Estão engordando aquele bando como se fazia com os bois", disse a companheira de quarto da minha mãe. E não explicou mais nada. No dia em que a mãe me contou essa descoberta, sua dúvida uniu-se à minha.

— Por que estão engordando ainda mais aquela gente?

— Mãe, primeira coisa: tudo o que foi dito para a senhora pode não ser verdade. Segunda: se a história for verdadeira, não faço ideia do motivo de engordarem aqueles pobres coitados. Acho, até, que a senhora não deveria ficar pensando nisso. Foque nas coisas boas, mãe. Estamos na Terra Prometida.

— Terra Prometida? Disseram isso a vocês também?

Disseram. A Terra Prometida estava nas palavras. Nos sermões. Nas telas de projeção. A Terra Prometida era a personificação da verdade. Eu *realmente* tinha começado a acreditar naquilo.

— A senhora não acha?

— Filha, a vida no Domo pode não ser o que nos dizem.

— Mas está tudo bem, não está, mãe?

A mãe não respondeu, deu de ombros.

— Não dê ouvidos aos falatórios — reforcei. — Como eu já disse, foque nas coisas boas, mãe.

Embora eu tenha pedido a ela que se concentrasse nas coisas boas, que desligasse seus questionamentos e devaneios, eu mesma fiquei presa a eles após ouvi-los. Não era a minha vontade ser contrária ao que se propagava no Domo, mas a mãe havia balançado um pouquinho as minhas opiniões.

E quando a mãe me contou, cerca de um mês depois, que algumas companheiras suas estavam desaparecendo do quarto - saíam pela manhã e não mais voltavam - as desconfianças, mesmo que eu tentasse ignorá-las, começaram a espalhar suas raízes em mim.

— A Mirtes, que dormia na cama ao lado da minha, não apareceu mais — a mãe me disse. — Depois dela, certa noite uma monitora entrou em nosso quarto e pediu que duas de nossas companheiras a acompanhasse. Resultado: essas duas também não voltaram. Sabe o que eu acho? Estão nos matando, filha. Estão engordando aquela gente da ala G para que morram de gula. E estão levando algumas mulheres idosas da minha ala para a câmara de gás. As colônias e este Domo não são o paraíso. Aqui não é a Terra Prometida. Nós estamos num campo de concentração, filha. É isso o que eu acho.

— Mãe... por que fariam conosco o que fizeram com os judeus? Se o objetivo é nos exterminar, bastavam ter nos deixado lá fora. Naquele Apocalipse que a Terra se transformou, mais dia, menos dia, morreríamos. Se não pela doença, pela falta do que comer.

A mãe, com a expressão desconfiada grudada na minha, sem nem piscar, afirmou:

— Abra os olhos, filha!

— Para o quê, mãe?

— Eles estão matando quem adoece. O tratamento experimental que nos disseram não existe. Somente as pessoas limpas viverão. Somente as pessoas limpas podem estar no Domo, eles nos disseram, você se lembra?

Fiz que sim. Mas não quis continuar carregando o clima pesado nas palavras. Não quis que meu encontro com a mãe se resumisse apenas àquelas desconfianças. Apesar de, por muito tempo, a fé ter enfraquecido em mim, eu a tinha renovado. A leitura diária da Bíblia e os cultos vinham me fazendo bem. Nesse quesito, eu me sentia mais otimista do que a mãe. Embora, vez e outra, eu ficasse encucada com as palavras da mãe, não estava certa se queria abrir os olhos para aquelas coisas. Eu, com a fé fortalecida, acreditava que Deus tinha um propósito bom para nós. As imagens e mensagens projetadas nos diziam isso o tempo todo. A pastora Flor também nos reafirmava isso a cada sermão. E havia, além da fé, a pílula da harmonia. O medicamento, era evidente, fazia efeito em mim – corpo e mente mais leves. Como a mãe não aquietava suas durezas, como a desconfiança continuava em boa parte de sua conversa, perguntei se ela tomava as drágeas do tratamento experimental. Contei-lhe que nos faziam tomar, todos os dias. E lhe disse que, de alguma maneira, o remédio fazia bem.

— Não há remédio algum para nós lá — disse a mãe. E completou: — Ainda bem. Como eu já disse, esse tratamento experimental dever ser uma farsa. Sabe, filha, não entendo os critérios desse lugar. E, para ser sincera, acho que você não devia tomar esses comprimidos.

— Não é uma questão de escolha, mãe.

Ela me olhou. Procurou em meu rosto insinuação que outrora eu mesma fizera a mim (havia tempo não fazia mais), e disse, categórica:

— Estão te dopando, filha!

Apesar de eu mesma já ter pensado que o medicamento servia para nos dopar, tentei não dar ouvidos à mãe. Não quis que nosso encontro fosse o responsável por povoar minha mente com mais desconfianças. Eu vinha me sentindo bem, como eu disse. E era assim que pretendia continuar. Então, mudei o rumo da nossa conversa. Repeti assuntos mais leves, de outros encontros. Falei sobre as coisas que eu ouvia no culto. E tive vontade de contar sobre o meu interesse naquele rapaz que eu havia espiado. Eu quis narrar os detalhes de como eu o observava às escondidas. Com expressão assanhada, provavelmente pecaminosa, eu quis dizer para a mãe que eu já o encontrara três vezes, e que nós, eu e ele, havíamos trocado sorrisos. Queria dizer a ela que ele, na última vez que nos vimos, aproximou-se da cerca de vidro, olhou-me com ternura e revelou-me, enfim, o seu nome. Mateus.

Eu quis dizer para a mãe que ele se chamava Mateus e que eu procriaria com ele se fosse essa também a vontade dele e a vontade de Deus.

Eu quis dizer. Não disse.

Apenas caminhei um pouco com a mãe, em silêncio.

22

Nós nos encontrávamos em intervalos de cinco a sete dias. Não podíamos nos arriscar mais do que isso. Não éramos prisioneiros, mas, ainda assim, o que fazíamos era proibido. E normas eram normas. Era melhor obedecê-las, eu achava. Naquela época, achava.

Nós passávamos a maior parte do curto tempo que tínhamos quietos. Falávamos pouco.

— Estou feliz em te ver — ele dizia.

— Também estou — eu reforçava.

E sonhava: "Quando for a hora, quero ficar com você!".

Ao imaginar isso, eu me sustentava no chamado de Deus a fim de encarar com normalidade o desejo que eu tinha de unir o meu corpo ao de Mateus. Mas eu não deixava escapar tal pensamento, não permitia que o pensar saísse da minha cabeça, ultrapassasse a cerca e invadisse Mateus. Não queria que ele fizesse mau juízo de mim. Eu mesma me recriminar pelo desejo guardado já era o bastante.

Enfim, apesar de os pensamentos serem tantos, o diálogo era pouco. Falávamos muito mais com os olhos do que com a boca. E quando as palavras se libertavam de nós nem sempre nos entendíamos. A verdade é que quase nunca nos entendíamos. O vidro que nos separava abafava demais o som. E aumentar o volume da voz estava fora de cogitação. Desse modo, a conversa do olhar era melhor, muito melhor.

Sophia, que sempre me acompanhava na indisciplina desses encontros, dava-me proteção ao vigiar as monitoras. No menor indício de que alguma delas viesse para a nossa direção, Sophia me chamava e imediatamente seguíamos para outro caminho. Por essa razão, não foram poucas as vezes que abandonei Mateus de repente. Em momentos assim, eu voltava para o quarto com pedaços faltando: pedaços de olhares, pedaços de palavras. Eu sempre queria Mateus por completo, sem interrupção alguma.

Com o passar do tempo, a sensação de que eu não tinha o direito de me interessar por um homem nas circunstâncias em que o mundo se encontrava foi substituída pela vontade cada vez mais forte de estar com ele. Às vezes, eu dividia essa vontade ao revelar para Sophia que achava estar apaixonada. Ela sorria para mim. E imitava um beijo nas costas da mão. Eu lhe devolvia o sorriso e, no mesmo instante, imaginava-me beijando Mateus, ainda que na imaginação nossos lábios se tocassem através do vidro da cerca que nos separava.

Mateus deu sentido diferente aos meus dias. Afastou boa parte das desconfianças que a mãe plantara em mim. Eu pensava, na maioria do tempo, e com ansiedade, em ser logo o instrumento de Deus para poder me oferecer, deixar-me ser envolvida e germinada por Mateus. Eu estava leve. Tão leve que resolvi contar para a mãe sobre ele.

A mãe chegou bem. Expressão boa. Parecia tão leve quanto eu. Ao vê-la, imaginei que, enfim, as bobagens negativas que ela vinha alimentando sobre a colônia tivessem se exaurido. Passeando pelas alamedas do Domo, chegamos perto do lugar no qual eu me embrenhava para ver Mateus e, então, eu olhei para ela, respirei fundo e lhe contei.

Primeiro a mãe ficou quieta. Talvez buscasse em sua mente o sentido daquilo. Talvez procurasse afastar de seus pensamentos a repressão. Talvez tenha imaginado que uma moça na minha idade se interessar por um rapaz era normal, apesar de tudo, não sei. Sei que as palavras da mãe não foram exatamente as que eu gostaria de ter ouvido.

— O que espera? Isso vai te levar a nada — ela disse. E ficou quieta por alguns segundos. Em sua quietude, encontrou reprimenda: — Homem e mulher não se misturam aqui, você sabe. Nem sei por que você está fazendo isso. Não deveria fazer. Mas, caso continue, cuidado com esses encontros, filha. Ouça a sua mãe, o Domo não é o que parece. Nenhuma das colônias é o que parece.

Pronto.

A brecha veio à tona e a mãe aproveitou. Minha atitude dos encontros às escondidas havia sido o estopim para ela voltar às teorias conspiratórias.

— Existe uma fila de moribundos, você sabe? Mulheres de trinta a sessenta anos, formam um aglomerado. Nuas, cadavéricas, com olhares assustados, passam por exame médico, e ainda que o chip da saúde não aponte anomalias, ainda que elas não tenham sintomas, que o vírus não tenha despontado e que elas não carreguem no corpo nada além de pele e ossos, são encaminhadas para um longo corredor. Nova fila se forma nesse corredor. Essa passagem estreita, enfileirando mulheres nuas como se fossem formigas, leva para a sala da purificação — a mãe disse, reproduzindo o que tinha ouvido.

Após ser atingida por esta narrativa fantasiosa, pedi para a mãe não começar com aquilo de novo. Falei que não faria bem a mim, tampouco a ela. Ficar alimentando fatos que poderiam não ser verdadeiros só nos faria mal. A mãe apenas me olhou, fez curto silêncio, ignorou meu pedido e continuou:

— Dessa vez foi a Rosa quem me contou. E a Rosa é ainda mais confiável. Sabe por que, filha? Porque ela estava lá. Ela foi recrutada para trabalhar na ala A. Muitas de nós podem ser recrutadas, você sabia?

— Não, eu não sabia.

— Bom, ela foi. Ela viu. Ela, agora, é uma das mulheres da minha ala. Está em meu quarto, cama ao lado da minha. E ela me disse, exatamente, qual era o trabalho que fazia. Contou-me que era uma das que recebia as companheiras, tirava-lhes as roupas, encaminhava-as para o exame e, em seguida, enfileirava todas no corredor de acesso à sala de purificação.

— E depois, mãe?

— Depois, o quê?

— Depois que passam pela sala de purificação, para onde essas mulheres eram levadas?

— Rosa, após enviar as mulheres para a sala de purificação, recolhia os pertences de cada uma e os incinerava. Outra pessoa era encarregada de liberar aquelas pessoas da purificação e enviá-las sabe-se lá para onde, pois, segundo a Rosa, ela nunca mais viu nenhuma daquelas mulheres.

— Mãe...

— Eu disse a você que estamos em um campo de concentração. — A mãe fez silêncio. Acompanhei-a na mudez. Instante depois, ela, com o olhar duro, continuou: — Você sabe o que acontecia nos campos de concentração, não sabe, filha? Uma unidade especial de prisioneiros judeus era incumbida de guiar outros companheiros para as câmaras de gás e, em seguida, tirar os mortos e enviar os corpos para o crematório. Idosos, pessoas doentes ou com limitações físicas, e até crianças, que não serviam para o trabalho, eram encaminhadas para o destino final. Para evitar o pânico, os soldados e médicos afirmavam que eles, os prisioneiros, tomariam um banho e receberiam roupas limpas. Diziam-lhes que era para receberem familiares à espera deles. Contam que nas câmaras de Auschwitz cabiam oitocentas pessoas. Oitocentas! Assim que o veneno que se transformava em gás começava a fazer efeito, essa massa de condenados se espremia e afastava-se do gás, como se isso fosse capaz de evitar a morte. Era horrível! Quase mil cadáveres nas câmaras. Aqueles coitados, que achavam que iam tomar banho e encontrar a família, encontravam o inferno. Deus me livre dizer isso, mas aqui tem acontecido o mesmo.

— Mãe, aqui não é Auschwitz.

A mãe nem me escutou. Disparou novo relato:

— Rosa também trabalhou na ala dos gordos e dos inválidos. Ela confirmou que estão engordando aquela gente. O trabalho dela consistia em receber as toneladas de hambúrgueres e distribuir. Distribuir é modo de dizer. Às vezes, em dias que o salão para refeições lotava e não havia espaço para nada, sequer para sentar, Rosa e outras encarregadas atiravam os hambúrgueres. O tumulto era inevitável, braços se confundindo, corpos se chocando para agarrar a comida que voava.

— Mãe...

— E sobre os inválidos? Quem não tem serventia, entra no regime de engorda. E o que acontece com essa gente que se empanturra? Depois de um tempo, quando quase nem andar mais conseguem de tanta gordura, são enviados para exames, são arrancados de suas roupas e são enfileirados para o caminho da sala de purificação. E não se sabe mais o que acontece.

— Mãe, para, por favor! — pedi, enfim. — Nós passamos por uma purificação a fim de entrarmos no Domo, e estamos aqui; estamos bem, não estamos? Essas pessoas foram purificadas e enviadas para outra ala, só isso.

Não falamos mais. A mãe foi embora, levando consigo, o silêncio. Eu fiz questão, se possível fosse, de não guardar nenhum daqueles relatos. Fiz questão de permanecer como estava, em harmonia, tomando minhas pílulas, comparecendo aos cultos, aos exames laboratoriais, entusiasmando-me com Mateus e imaginando um novo mundo para nós. Por um tempo, continuei a ver o Domo como a nossa Terra Prometida. Por um tempo. Eu, finalmente, comecei a mudar de opinião, comecei a levar em consideração, se não todas as coisas que a mãe havia contado, ao menos parte delas, quando Hanna, entregue ao pranto e à tristeza, disse-me que a sua mãe não viria mais visitá-la. Por apresentar anomalias no chip da saúde, fora retirada do Domo.

— E para onde a levaram? — perguntei.

O que eu e a mãe havíamos conversado, Hanna não sabia. Ainda assim, perdida, entre soluços, disse:

— Me disseram que ela foi encaminhada para a purificação!

Um medo que não estava em mim surgiu. Com um frio na espinha a me percorrer, pensei na mãe. E se ela estivesse mesmo certa sobre estarmos em um campo de concentração? E se ela fosse a próxima a sumir?

Meu coração disparou.

Fiz a única coisa ao meu alcance, agarrei-me à Bíblia. Em silêncio, pedi:

"Deus, proteja a mãe. Faça com que ela esteja errada!".

Mas a mãe estava certa. Em parte. Não havia uma câmara de gás. A sala de purificação, de fato, limpava as pessoas. E não estávamos em um campo de concentração. Contudo, o que veio à tona era pior do que os campos. E Deus não podia fechar os meus olhos, *os nossos olhos*, para as coisas que viemos a descobrir.

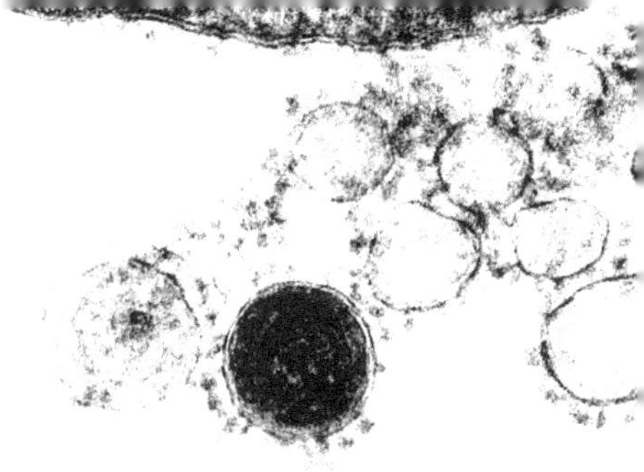

23

O pior começou a acontecer fora do Domo, na nossa colônia e em outras. Através da abóbada transparente que nos protegia, vimos o tumulto. Eu, Sophia, Hanna, Morana e as outras companheiras, voltávamos da nossa refeição do meio-dia quando percebemos a confusão do outro lado. A visão que tínhamos da colônia fora do Domo não era tão próxima. Uma área de segurança de aproximadamente duzentos metros de distância isolava a nossa bolha do resto. Algumas edificações, cercas e muros, atrapalhavam-nos a visão, mas, ainda assim, conseguíamos ver, ao longe, parte da movimentação na colônia.

— O que está acontecendo? Olhem! — Sophia apontou para a algazarra do outro lado.

No primeiro momento, achamos tratar-se de um desentendimento comum, passível de acontecer quanto se aglutinam pessoas. Então, vimos um homem saltar sobre outro feito um selvagem. Em seguida, outro fez o mesmo. E outro, e outro. As imagens que eu vira nas redes sociais antes, bem antes de ser levada para a colônia, nasciam outra vez. As atrocidades voltaram, estavam ali. Embora não fosse possível decifrar detalhes daquela distância, entendi que as pessoas arrancavam pedaços da própria carne e, se não bastasse, abocanhavam umas às outras. Usando os dentes como armas, lançavam-se, agarravam-se e devoravam-se. Ou tentavam. Horrorizada, virei o rosto. Eu não queria continuar assistindo àquela loucura. Para a minha sorte, as monitoras nos impediram de permanecermos olhando, arrastaram-nos para os nossos aposentos. E nos disseram que só saíssemos dali quando fôssemos autorizadas.

— Eu disse que fora do Domo todos iriam morrer! — Morana nos lembrou.

Assustadas, ainda assustadas, olhamos para a nossa companheira. Fiquei no limiar entre dar ouvidos a Morana ou ignorá-la. Aquelas pessoas morreriam? Eu desejava que não; mas, quando esse tipo de loucura começou a acometer as pessoas, quando a variante do vírus começou a transformar os homens em animais, os infectados não resistiam por muito tempo. Três dias, cinco, se tanto. Fosse o que fosse, achei bom não ver que um sem-número, entre homens e mulheres, tomados pela loucura, arrancaram-se mais e mais pedaços. Mesmo distante dos detalhes, acompanhar a carnificina me faria muito mal.

Agarrei-me à Bíblia e fiz o sinal da cruz, e, com egoísmo incontido, dei graças por estar em segurança no Domo. Achei bom não estar infectada. Achei bom ser limpa. Tivéssemos eu e a mãe doentes, provavelmente seríamos vítimas naquele meio.

Presenciar que pessoas da nossa colônia, e provavelmente de outras, estavam tendo os seus cérebros afetados pelo vírus a ponto de cometer atrocidades, me fez tremer. E eu fiquei com a frase da Morana grudada em mim. *Fora do Domo todos iriam morrer. Fora do Domo todos iriam morrer.* Tal premonição martelou a minha mente. Pam! *Fora do Domo todos iriam morrer.* Pam! *Fora do Domo todos iriam morrer.* Eu realmente queria ignorar tal possibilidade, mas bastou-me voltar no tempo para saber que não demoraria para outros infectados perderem o juízo, baterem as cabeças nas paredes, no chão. Não demoraria para que os bulbões em seus corpos fossem arrancados com as mãos. Também não demoraria para que a perversão se espalhasse. Aquelas pessoas infectadas, sujas, eu tinha certeza, mais dia menos dia, arruinariam as colônias. Somente os Domos espalhados pelo mundo seriam a salvação. Somente nós, as pessoas limpas, privilegiadas por viver na bolha, sobreviveríamos.

No culto do dia seguinte, o ocorrido fora abordado. O Messias, que raramente aparecia (eu ainda não o tinha visto pessoalmente até aquele momento), estava ao lado da Flor. Com voz calma, exalando bem-estar que não existia, nos garantiu que, apesar dos muitos feridos, a situação havia sido controlada. Aqueles infectados que apresentaram sintomas foram isolados e a situação na colônia havia sido normalizada. Foi o que ele nos disse. Eu, apesar das dúvidas, desejei que ele estivesse sendo sincero. De todo modo, depois também a Flor e duas outras pastoras, usaram as palavras com bastante confiança. E aproveitaram para enfatizar que dentro do Domo nada daquilo poderia acontecer, que não nos preocupássemos. O Domo, imaculado, esterilizado, era a nossa segurança. "Era mesmo a nossa Terra Prometida", pensei ao ouvir a pregação.

A mãe não pensava como eu.

Precisei conviver com ela me instigando a cada visita. Os relatos que a mãe fazia sobre as pessoas que sumiam depois da purificação eram insistentes. Que elas não voltavam para o lugar no qual ficavam antes de serem encaminhadas, eu já aceitara desde o dia em que a mãe da Hanna também fora levada, tirada do convívio da filha.

— Mãe, eu acho estranho essas pessoas sumirem, confesso.

— Finalmente está me dando ouvidos, filha!

— Mas... elas podem simplesmente terem sido transferidas para um outro lugar, eu já disse. Que certamente estão melhor do que aquelas pessoas fora do Domo estão!

Eu havia contado para a mãe sobre o que tínhamos visto. Contei-lhe sobre uma parte ter apresentado os sintomas e ter enlouquecido lá do outro lado. Apesar disso, e a despeito de estarmos seguras no Domo, a mãe insistia para eu ficar centrada em nós – eu e ela. Que eu não desse muito ouvido àquela coisa de Terra Prometida. Embora o medo de a mãe sumir e não aparecer mais nas visitas, eu não consegui deixar de considerar o Domo a *nossa* proteção. Depois do que aconteceu na colônia, eu havia reforçado em mim, e reforçava para a mãe, todas as vezes, que o Domo era a salvação. Eu achava que, com o tempo, descobriríamos juntas que Deus não nos escolhera para estarmos ali por acaso.

— Deus tem um plano para nós, mãe.

— É claro que Deus tem um plano para nós, filha, apesar de tudo.

— Mãe, a senhora continua achando que Deus é justo? A senhora dizia isso, lembra?

Ela fez sinal afirmativo com a cabeça.

— A justiça de Deus é diferente da justiça do homem. E, como você mesma afirmou, Deus tem um plano para nós. Mas, por acaso, você sabe qual é, filha?

A mãe, ou em razão das desconfianças, ou porque andava mesmo fragilizada, parecia um pouco descrente. Aquela mulher que se apoiou nas palavras do Senhor ao enterrar o marido e os outros filhos, que sobrevivera aos dias surreais antes de vir para a colônia, não parecia ter a mesma força, embora quisesse transparecer que a sua fé não se abalara.

Eu não soube o que dizer para a mãe. A pergunta dela se expandiu em meu interior, prendeu-se em minhas entranhas e lá ficou. Qual era o plano de Deus ao permitir que bilhões morressem? Qual era o plano d'Ele ao nos poupar?

Calada, olhei para a mãe e permiti que o assunto morresse ali.

Pensei e repensei quais deveriam ser os planos de Deus. Pensei e repensei sobre o Domo ser a nossa Terra Prometida.

Pensei e repensei.

E fiquei assim por bastante tempo, como se estivesse no vácuo da existência.

24

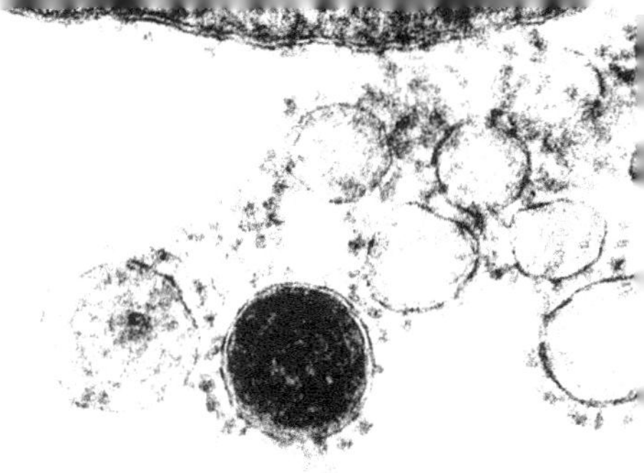

Não permitiram que nos aproximássemos das bordas do Domo. Por um tempo, somente as caminhadas pelas alamedas centrais e pelo jardim eram possíveis. Foram duas semanas assim. Duas semanas sem que eu visse o Mateus. E duas semanas sem que nenhuma de nós pudesse observar qualquer parte da colônia fora da abóbada. Quando nos permitiram voltar à normalidade, descobrimos que eles tinham levantado um muro em toda a volta do Domo. Onde antes assistíramos o tumulto, experimentávamos o frio do aço – barreiras metálicas a nos isolar ainda mais da parte externa. Se nova balbúrdia acontecesse lá, nada veríamos. Tampouco saberíamos.

"É para a segurança de todos!", eles nos disseram. E não fizeram questão de esticar a explicação. Fizeram questão de intensificar a programação da nova Terra nos painéis, isso sim. E a pastora Flor, como de costume, voltou-se ao sermão da fecundidade. A hora de nos entregarmos havia chegado, ela disse. E reforçou:

— Hoje à noite, amanhã, daqui a alguns dias, não importa, vocês serão chamadas. O Senhor espera cada uma de vocês. O Senhor deseja que se entreguem, sejam férteis e reproduzam. Quando baterem na porta de seus quartos, quando ouvirem o seu nome, vão. Sintam-se lisonjeadas, agradeçam e digam amém!

— Amém! — repetiram algumas.

Logo, quase todas presentes no culto bradavam o mesmo, incluindo a mim. Mas, se eu soubesse, naquela hora, como seria essa entrega, eu teria me calado.

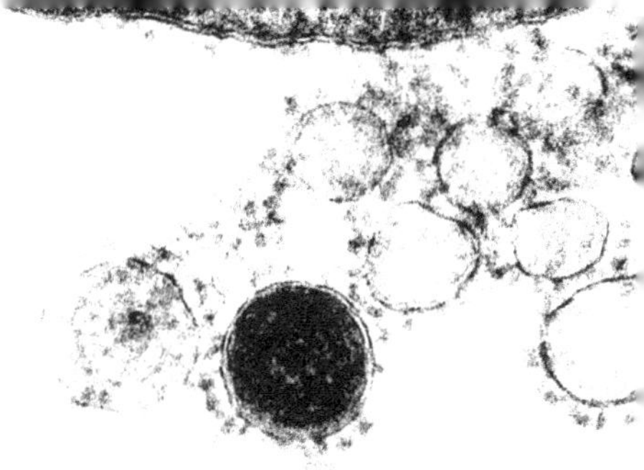

25

Do nosso quarto, fomos eu e Sophia. Juntamo-nos a uma fila de trinta e oito outras moças.

Quando a monitora apareceu e chamou por Sophia, eu não imaginei que o momento da nossa entrega havia chegado. Assim que, imediatamente, ouvi o meu nome, continuei sem considerar a possibilidade de oferecer o meu corpo. Ao nos juntarmos às outras, ao sermos direcionadas para uma das salas de purificação, eu soube o que aconteceria.

E estremeci.

Primeiro, a apreensão me agarrou de tal maneira que empaquei. Virei estátua na frente da Sophia e impedi que a fila andasse. A conversa que tive com a mãe, ela me contando das pessoas que eram chamadas para a sala de purificação e não voltavam, explodiu. Minha mente ficou igual a um vulcão ao jorrar lavas. A diferença é que eu jorrava medo. Será que eu voltaria? Estariam nos encaminhando para a morte, da mesma maneira que se fazia nos campos de concentração? A mãe estaria mesmo certa ao alimentar tal possibilidade?

— Vai. Vai — disse-me Sophia, baixinho.

Não me mexi.

Oito meninas, à nossa frente, caminharam. Todo o resto atrás de nós ficou à espera de eu sair do lugar.

Uma monitora se aproximou.

— Fique tranquila, não há o que temer. Vamos! — disse ela. E praticamente me arrastou.

Na antessala de acesso à sala de purificação, o Messias nos recebeu. Sorriu. Com a Bíblia em mãos, disse que não poderia deixar de estar presente em ocasião tão especial. Em seguida, lançou-nos palavras de confiança. Lembrou-nos que estávamos ali para sermos o instrumento de Deus. Fez um sermão rápido e pediu-nos, gentilmente, que tirássemos nossos trajes.

Uma e outra relutaram, incluindo eu. Por que deveríamos ficar nuas na frente dele?

— Não sintam vergonha da própria carne. Este é um momento de purificação, de entrega. Um momento divino. É o momento em que Deus precisa de vocês como vieram ao mundo, nuas, puras, limpas! — ele reforçou. E voltou a sorrir.

E esperou.

E esperou.

E nós, enfim, o obedecemos. Da roupa que me vestia, livrei-me devagar.

— *"Os filhos do seu ventre serão abençoados..."* — ele nos disse, citando Deuteronômio, 28:4. Ato contínuo, fez o sinal da cruz na testa de cada uma de nós e, em seguida, orientou que seguíssemos e nos deixou.

Não me senti segura, tampouco confortável. Postei-me na fila com tremor nas pernas. De toda maneira, nua, vestida apenas de sentimentos inseguros e amedrontadores, segui com as outras para a sala de purificação.

Lançaram-nos o mesmo jato que havíamos recebido ao adentrarmos no Domo. Ao menos, imaginei que fosse. Tinha o mesmo cheiro. Ficamos ali, sob o jorro, olhos fechados, braços e pernas abertas, por cerca de trinta segundos. Da sala de purificação, seguimos por um corredor, um extenso tubo, na verdade, e demos em outra sala. Ginecológica. Mesas ginecológicas enfileiradas, lado a lado, nos receberam. E nós nos posicionamos. Abrimos as nossas pernas. Arreganhamos a nossa intimidade para que médicos nos examinassem. Viram quais de nós eram virgens, se alguma apresentava anomalia – informações que o chip em nosso corpo não era capaz de detectar – e, depois, mais um jato purificador foi lançado, dessa vez dentro de cada uma.

— Não vai doer — disse-me a enfermeira.

Seria mesmo enfermeira?

Ela, com cuidado, pressionou o meu hímen com os dedos. Assim que se rompeu, franzi o rosto, abafei interjeição, engoli xingamento não dito e me retraí. Uma espécie de cano foi introduzida na minha parte íntima e um jato foi liberado.

Doeu.

A gotas vermelhas do meu sangue pingaram na brancura do chão.

E lágrimas escorreram dos meus olhos sem que eu pudesse contê-las. O líquido salgado passeou pela minha pele – rosto e pescoço –, inundou-me os poros e foi parar na cadeira.

A enfermeira olhou-me. Pediu desculpas, apesar de aquele ser o seu trabalho.

A substância purificadora limpou-me por fora, eliminou todo o vestígio de sangue. E eu fui liberada para seguir, não sem que me dessem uma pílula, adicional àquela que eu ingeria todos os dias.

— Isso a deixará mais calma!

Abri a boca. Engoli.

Enquanto a drágea caminhava em meu interior, eu seguia em um novo túnel.

Eu, Sophia e as outras moças, nuas, fomos para a sala de fecundação.

Parecia um estábulo de vacas. Foi exatamente isso o que pensei ao me ver dentro da sala. Eu estava em um estábulo de vacas. Com baias. Vinte de cada lado. A diferença da sala de fecundação para os estábulos, era a brancura, a limpeza. Era como se estivéssemos em um estábulo hospitalar, de tão imaculado. Nuas que estávamos, nossos corpos contrastavam com o ambiente alvo. Eu não esperava por aquilo. Tudo o que eu havia imaginado sobre me entregar: eu e Mateus juntos; o sexo acontecendo naturalmente, como se fosse um ato sagrado; o sonho romântico do envolvimento; tudo isso fora sobrepujado por aquela situação surreal.

Eu quis sair daquele lugar. Naquele momento, se fuga fosse possível, eu teria me arriscado. Não havia o que fazer, contudo. Então, me deixei ser conduzida. Permiti que uma das monitoras me colocasse em uma das baias, que foi fechada em seguida. A minha posição (a de todas nós), tornava-me semelhante às vacas. Pernas esticadas, abertas. Corpo dobrado – costas abaixadas a fim de elevar e posicionar melhor os glúteos em uma estrutura metálica, feita exatamente para isso – fazia o quadril se encaixar.

Como eu disse, o lugar parecia um estábulo. E as baias também. Grades metálicas nos ajustavam na posição, prontas para sermos "montadas", e nos possibilitavam manter apenas a cabeça para fora. Iguais às vacas, ficamos nos olhando, umas às outras. Nossas nádegas, voltadas para um corredor grudado à parede, ficaram à espera.

Por que entre grades? Para que não dificultássemos o que estava prestes a acontecer. Para que não fugíssemos, caso alguma de nós perdesse o controle.

Música gospel tocou. Que ironia! Piano e coral de vozes entoando que "no mundo ainda existem belezas" envolveram o ambiente.

E então eles entraram.

Rapazes, com os rostos cobertos, avançaram pelo corredor – parte de trás – e posicionaram-se nas baias para as quais foram direcionados. Ao comando das monitoras, e sob o som que tinha o propósito de fazer daquele momento um momento belo, eles ajeitaram nossos corpos (membro e nádega na mesma altura) e nos curraram.

A música deveria ter-me acalmado. E a pílula que eu havia tomado também. O calmante deveria ter feito com que eu aceitasse aquele ato com normalidade. Mas como?

Se você está numa baia. Se você se curva e, igual a uma vaca é currada e recebe o esperma de alguém que, sequer, pode ver o rosto, não há como achar tudo normal.

Éramos objetos. Éramos mulheres humilhadas por um machismo extremo. Não havia, naquela situação, a Graça do Senhor. Não podia haver. Ou havia? Será que Deus queria mesmo aquilo para nós? Seria Ele tão terrível, dotado do machismo humano? Seria, aquela situação, normal aos olhos d'Ele? Como, enfim, acreditar que aquele era um ato glorificado?

“Os filhos do seu ventre serão abençoados...”, o Messias havia dito-nos.

Eu não fui capaz de dizer amém àquilo que nos acontecia.

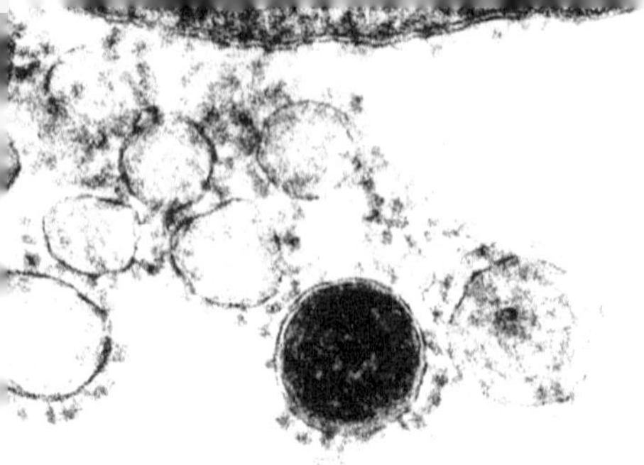

26

Dentro de mim, onde somente eu enxergava, nem sempre com clareza, o asco ocupou espaço. Cresceu. Cresceu. E cresceu. Talvez tenha ficado maior do que eu pudesse me dar conta. Passar pela sala de purificação levou-me ao estábulo humano, lugar inimaginável, no qual me senti um animal, no qual meu corpo foi apenas um instrumento, uma coisa – carne que não sente e não pensa. Não vi aquilo como se fosse um chamado. Não estávamos servindo a Deus daquela maneira. Será mesmo que o Senhor nos queria presas em baias, curradas feito objetos? Seria possível que quisesse de nós somente a carne? A mãe e eu havíamos conversado sobre os planos d'Ele. A mãe dissera: "Deus tem um plano para nós. Mas, por acaso, você sabe qual é, filha?". Seria aquele? Não poderia ser.

O que as outras mulheres pensaram?

Naquele instante em que estávamos nuas, curvadas dentro daquele espaço, com apenas a cabeça fora da grade, olhando umas para as outras, elas também não pareciam enxergar divindade naquilo. Eram iguais a bichos, exatamente como eu. Contudo, ao voltar da sala de fecundação, por um momento, um instantezinho só, um sentimento de alívio sobrepujou-se ao nojo grudado em mim, pois eu estava viva. Passar pela sala de purificação não me levara à morte, afinal. O medo que tive de as insinuações da mãe se concretizarem havia se desmanchado. A mãe estava errada, foi o que concluí naquela hora.

De volta ao quarto, de novo com a repulsa em alta, a primeira coisa que fiz foi tomar um banho. Esfreguei-me, esfreguei-me até quase arrancar a carne. Sei que, assim como as outras companheiras, eu não havia sido vítima da violência sexual tradicional, daquele tipo que se noticiava nos jornais, antes de o vírus mudar a sociedade. Mas se não fora um abuso tradicional como os de antigamente, fora pior. Em nome do Senhor, da ciência, da esperança de uma nova vida; no espaço imaculado e controlado – música e remédio para acalmar – eu fui, *nós fomos* estupradas de um jeito que, se não nos machucaram a carne, feriram a nossa alma. E com fortes estocadas. Eu, a despeito do alívio que havia sentido por estar viva, via-me destroçada.

Depois do banho, arrasada, deitei-me na cama. Encolhi as pernas, envolvi meus joelhos com os braços e fiquei assim. Sophia, calada, também se deitou. Eu e ela não conversamos sobre a experiência pela qual tínhamos passado. Hanna, Morana e as outras companheiras de quarto esperaram que contássemos algo. Continuamos mudas. O calmante, quem sabe, fizera algum efeito. Só podia. Pois não demorou para que eu, encolhida feito caramujo, adormecesse.

Dia seguinte, no culto, o Messias não apareceu. Foi a pastora Flor que nos lançou palavras de agradecimento e bênção. Termos nos oferecido daquela maneira, ela disse, era como se estivéssemos nos entregado à vontade de Deus. E Ele, nosso Senhor, estava orgulhoso de nós. A recompensa seria o nosso fruto. O futuro da humanidade dependia de nós! Que engravidássemos, tivéssemos crianças lindas e limpas. Que orássemos e agradecêssemos.

Amém!

Algumas de nós disseram amém! Eu permaneci calada. Eu não concordava com as palavras da Flor. Abrir minhas pernas daquela maneira, presa em uma baia, era uma coisa, abrir minha alma e meu coração era outra.

Mas eu mudei.

Por um tempo, e inacreditavelmente, eu mudei.

Uma semana depois, estava melhor, quase enxergando o ato com normalidade. Os responsáveis pela mudança de meu sentimento? Os remédios. Eles disseram que seria bom se eu aumentasse a dose diária das drágeas, e eu segui a recomendação. Isso me equilibrou. Ou me amorteceu. Aquela realidade da entrega forçada já não me parecia tão absurda. Tanto que, ao ser convocada, na semana seguinte, eu segui o rebanho.

Passei pela sala de purificação. Sentei-me na cadeira ginecológica – pernas abertas afim de receber a esterilização na parte íntima – e segui para a sala de fecundação sem carregar o asco e o medo comigo.

Quando os rapazes foram chamados, quando um deles se posicionou na baia atrás de mim, ajeitou a altura de seu membro com o meu corpo e me penetrou, eu apenas fechei os olhos. E pensei:

"*Seja feita a vossa vontade assim na terra como no Céu.*"

27

Fui chamada de novo. E de novo. Não demorou para todas as moças do meu quarto se juntarem a mim na sala de fecundação. Não demorou para que o ato de entregar nossos corpos se tornasse ação comum. Eu me moldei aos acontecimentos. As drágeas e os sermões injetados em mim dia após dia deixaram-me permissiva, bem mais tolerante. A incredulidade e asco do primeiro dia ficaram pequenos, diminuíram, diminuíram e então, sumiram. Ou quase. Exatamente por me sentir melhor, eu não vi problema em comentar com a mãe que havia me entregado e que, ao fazer o que fiz – ou fui obrigada – eu fora um instrumento de Deus. Ademais, não tinha como não contar para ela. Eu, afinal, poderia, ora ou outra, aparecer grávida.

Não detalhei demais a minha narrativa. O necessário, apenas o necessário. Eu contei que, no primeiro dia, achei surreal, dolorido, bizarro até; mas enfatizei que fizeram-me perceber que eu estava errada. Ingênua, imaginei que a mãe fosse receber a notícia com um pouco de naturalidade. Eu considerei que ela, ao saber que a sala de purificação não desembocava as pessoas para a morte, fosse ficar aliviada. Nada disso. Primeiro, os olhos dela se arregalaram. O espanto dominou cada músculo de sua face. A boca ficou entreaberta até que fosse tapada com uma de suas mãos. Depois, a mãe abraçou-me. Apertou-me forte-forte. E disse-me baixinho que sentia muito. E repetiu mais de uma vez: "Meu Deus, eu sinto muito, filha! Eu sinto muito!". E não quis me largar. Percebi a emoção aderir na mãe feito cola. Enquanto as palavras lhe escapavam dos lábios, as lágrimas lhe escapavam dos olhos.

Era evidente que a notícia a tinha machucado. Evidente que o mesmo sentimento de incredulidade e repulsa que senti no primeiro dia em que fui arrastada para a sala – estábulo – de fecundação, havia também tomado conta da mãe.

Fiquei balançada com a reação dela, não vou negar. Minha cabeça povoou um monte de coisas. Meu coração perdeu o compasso e, emocionada pelo estado em que a mãe ficou, permaneci agarrada a ela. Ficamos unidas naquele abraço apertado. O mundo se reduziu em nós duas. Apesar da emoção me chacoalhar, de minha cabeça resgatar o que vivi, e de um mar de indagações se abrir, o chão não me escapou dos pés. Eu permaneci firme, irresoluta. No fundo, eu sabia que estava anestesiada pelas drágeas. Afora isso, como eu disse, meu corpo ser um instrumento para *aquela* vontade do Senhor já me soava algo normal.

Eu me recompus. A mãe também. E, ao se recompor, ela fez questão de reforçar:

— Filha, minha menina... — voz calma, doce. Um tanto fragilizada. — Você acha que as mulheres mais velhas têm o mesmo destino que o seu? Não tem. É claro que não. E os inválidos que estão sendo engordados? E os gordos que estão ficando ainda mais gordos? Acha que aquela gente que se empanturra de hambúrguer, que vive para engordar, ao passar pela sala de purificação vai para a fecundação a fim de ser currada como se fosse vaca?

Apesar da voz calma e doce, o arremate da mãe foi duro. Eu não soube, naquele instante, o que responder para ela. Silêncio foi a única coisa que escapou de mim.

Baixei os olhos.

— Olhe para mim — a mãe pediu. E me levantou o rosto com uma de suas mãos. — Você realmente acredita que aquelas pessoas passam pela mesma experiência que você passou, coisa que, aliás, não foi nada boa? Não passam. Aquelas pessoas, eu disse mais de uma vez, e repito... Filha, aquelas pessoas somem. Para onde as levam? Se não as incineram igual se fazia nos campos de concentração, não sei o que fazem. Mas vou descobrir.

De fato, a mãe descobriu.

Mas quem contou a ela fui eu.

28

Nossas mãos ficaram unidas, não pela nossa própria carne. A cerca de vidro nos separava, mas, ainda assim, eu havia colocado a mão na superfície fria e Mateus, do outro lado, posicionou a sua sobre a minha. Pequena em comparação a dele, a minha mão era como se tivesse sido envolvida em segurança. Só nos faltou o calor da pele. Nossos olhos acompanharam os gestos. Eu sorri ao ver sua palma se sobrepor à minha. Agindo por impulso, um impulso delicioso, e que me reportou ao antes imaginado, encostei meus lábios na cerca envidraçada e esperei. Mateus fez o mesmo. Nós nos beijamos, não com o calor de lábios se tocando de verdade, não com a pele macia explorando, descobrindo gostos e emoções, mas nos beijamos com o fogo do coração. Naquele instante, era como se o Domo, a colônia e o mundo todo fossem desfeitos e reconstruídos. Uma sensação de paraíso preencheu-me. Também a ele, tive certeza.

Fazia tempo que não nos víamos. Eu já tinha sido encaminhada para a sala de fecundação várias vezes quando esse nosso novo encontro aconteceu.

— Senti saudades — eu disse.

Mateus manteve o sorriso. O brilho de seus olhos, como sempre, penetrou em mim.

— Desculpe. Ficou complicado para vir. Já não tenho mais o mesmo tempo — ele explicou.

Não entendi bem as suas palavras. O som abafado pelo vidro refreou a clareza.

— O quê?

— Fui recrutado. Re-cru-ta-do — ele explicou, devagar, pausadamente. — Ajudo na monitoria, agora.

— Você, o quê? Virou monitor, é isso?

Mateus balançou a cabeça. Para garantia da minha compreensão, soletrou:

— Mo-ni-tor.

Eu não fazia ideia se o fato de Mateus trabalhar como monitor na ala em que estava, a masculina, era bom ou ruim. Talvez fosse bom para ele. Talvez fosse bom para lhe ocupar o tempo. Talvez fosse bom vigiar e não ser vigiado. De toda maneira, não deveria ser bom para nós, já que os nossos encontros diminuiriam de frequência. Fui atingida de surpresa com aquela informação. E, fitando-o, quieta, eu não soube o que dizer.

— Vai ficar tudo bem — ele afirmou.

Fiz que sim. Desejei muito que realmente tudo ficasse bem. E fiquei muda. Guardei aquele desejo para mim.

Eu e ele, olhos nos olhos, respiramos da mesma quietude. O silêncio nos disse coisas que não conseguimos expressar. *Eu* não consegui.

Eu poderia, *deveria*, ter dito mais. Eu poderia, *deveria*, ter-lhe contado sobre a sala de fecundação. Tive medo, foi isso. Não contei porque, ao alimentar o desejo de que realmente tudo ficasse bem, eu não poderia, não *deveria* estragar tudo contando a ele que, ainda que fosse um ato "divino", eu estava servindo o meu corpo num estábulo humano, sendo currada por homens que eu sequer tinha permissão de ver o rosto.

Não. Eu não poderia, não *deveria* contar aquilo.

Só que Mateus descobriu.

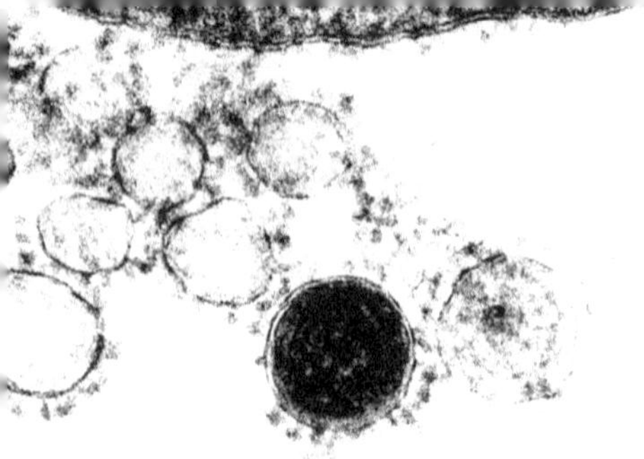

29

O quarto era Mateus. Meu travesseiro, as cobertas, o armário, criado-mudo, minha mão, tudo o que me envolvia, pelo menos naquele dia do beijo, um beijo que não foi a união da carne, mas do vidro, tudo era Mateus. Meu corpo e minha respiração eram ele. E eu me assustei. Não era a primeira vez que aquela paixão ardia em mim. Não era isso. Não era a primeira vez que eu pensava nele como uma dádiva, uma coisa boa, e um direito meu. Um direito meu, sim, apesar de eu, vez e outra, sentir que não deveria tê-lo. A despeito disso, não era também aquela a primeira vez que eu o idealizava da maneira como uma mulher idealiza um homem: perfeito.

Eu, antes ainda de ser enviada para a sala de fecundação, vislumbrava-o dentro de mim, já contei. Seria sagrado, belo. Eu e ele, santificados pela vontade do Senhor, seríamos a personificação da nova vida, seríamos o elo para todas as futuras gerações, pessoas limpas para todo o sempre, eu havia pensado. Após voltar para o quarto, contudo, assustei-me com a intensidade dos meus sentimentos. E assustei-me com a miscelânea de coisas dentro da minha cabeça. Assustei-me por ignorar a terrível situação fora do Domo; por ignorar com mais veemência do que antes a distopia na qual eu estava inserida; por ser egoísta e me entregar ao desejo, à luxúria.

Luxúria. Este quinto Pecado Capital em mim assustou-me, de tão forte.

Na Bíblia está escrito: "... *Vivam pelo Espírito, e de modo nenhum satisfará os desejos da carne*"[7]. Eu estava vivendo pelo Espírito? Naquele momento, não. O meu corpo, minha carne, falava mais alto. E eu me vi emoldurada pelo pecado.

Cheguei a pegar a Bíblia. Em voz baixa, pedi ao Senhor, meu Deus, que me livrasse da tentação. Amém!

Mateus não me saiu da cabeça. Não foi embora. Nem ele, nem o desejo que eu sentia. Será que Mateus, em seu quarto, vivia o mesmo que eu? Perdi-me em devaneios. No labirinto interior das possibilidades, desorientei-me. Conversas com Hanna e Sophia, porém, trouxeram-me de volta à nossa realidade, ao menos um pouco. Que eu não alimentasse demais os sentimentos, que não colocasse ainda mais fogo naquela paixão, elas disseram-me. Foram categóricas, do mesmo jeito que a minha mãe havia sido, ao afirmarem que aquilo levaria a nada. Homens e mulheres, lembraram-me elas, não se misturariam. Melhor, então, que aquilo tudo ficasse apenas na quebra da rotina, na brincadeira, na contravenção dos dias. Além do mais, ele, como monitor, ficaria distante, cada vez mais distante. Teria que dar o exemplo. Não poderia quebrar as regras. Ficar de conversa através da cerca, às escondidas, era certo que isso seria raro, se é que não acabaria de vez.

Eu ainda o vi duas vezes seguidas. E outra vez nossos lábios e mãos uniram-se – o vidro entre nós. Conversamos pouco com a boca e muito com os olhos. Eu, de novo, deveria ter tido coragem de lhe contar sobre a sala de fecundação. Não disse. Preferi o silêncio. Ficar calada, olhando-o, deixava o momento irretocável. E eu quis que ficasse assim. Pouco antes de nos despedirmos, ele avisou-me:

— Vamos nos encontrar na cerca, perto da indústria alimentícia. Há uma área onde a cerca envidraçada fica um pouco mais baixa. Lá, a nossa compreensão ao falarmos um com o outro ficará mais fácil.

— É baixa a ponto de podermos nos tocar?

— Não, isso não. Mas é baixa o suficiente para o vidro não abafar demais a nossa voz.

Sorri. E, nesse dia, voltei para o quarto achando que estaria de bom tamanho falar com Mateus sem ter que colar as palavras que se quebravam ao colidir com o vidro. Entendê-lo por inteiro seria muito melhor. Não, melhor mesmo, magnífico, para ser mais específica, seria poder nos tocarmos.

Não podíamos.

Mas, mesmo assim, Mateus me tocou.

E de um jeito que eu não esperava.

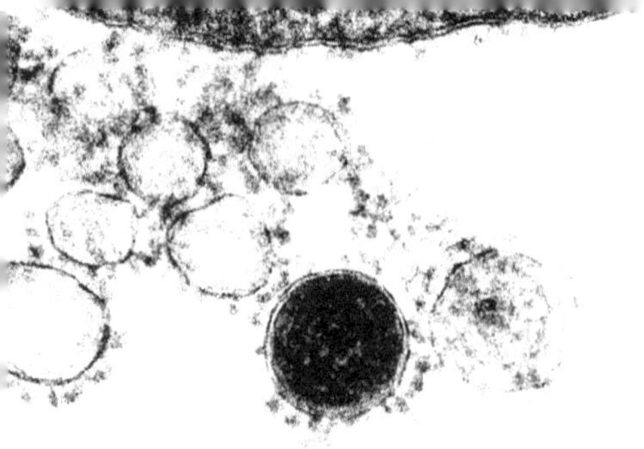

30

Morana ficou fora de si. Numa tarde, dia em que eu havia encontrado a mãe, e depois de passar pela sala de exames (desde que eu me tornara uma das escolhidas a serem fecundadas os exames eram mais rigorosos), voltei para o quarto e me deparei com a Morana sendo arrastada à força.

— Eu não quero! Me larguem!

O rosto dela estava vermelho, desfigurado. Contorcionismos labiais misturavam os seus berros à saliva, que ora era baba a escorrer, ora eram perdigotos lançados naquelas que a conduziam contra a vontade.

— Não deixa elas me levarem! — implorou-me Morana, no exato instante em que nosso olhar se cruzou.

Meio que estiquei a mão, meio que me coloquei no caminho, atrapalhando um pouco aquela ação truculenta, mas, na verdade, nada pude fazer. Morana passou ao meu lado – braços e pernas retorcendo-se, cabeça virada para trás, fitando-me – e se foi, aos gritos. E eu fiquei estática, assistindo. Só isso.

O que havia acontecido? Por que a levavam à força?

Hanna, que havia acompanhado tudo calada e estática feito estátua, contou-me que Morana recusava-se a ir para a sala de fecundação. Não queria mais. Não suportava mais ser um objeto, carne que não pensa e não tem vontade. Não queria mais membros penetrando-a. Não pretendia mais se entregar à provável procriação em nome de Deus.

Apesar de eu mesma, nas primeiras vezes, em especial na primeira, ter achado desumano a maneira como éramos tratadas – vacas confinadas nos currais – não demorou para eu me adequar. Eu e todas as outras passamos a aceitar o nosso dever com passividade. Achei que Morana deveria estar equilibrada e submissa como nós. Será que o fato de ela preferir mulheres impedia a sua submissão? Não. Não. Era visível que sua revolta ia muito além disso.

— Ela não tem tomado as pílulas direito — disse-me Hanna. — Por isso a recusa, aquela reação tempestiva.

— Mas... — Sentei-me na cama, de frente para Hanna. — Nós podemos nos negar a tomar as pílulas?

— Ao que parece, não. Não podemos ficar sem tomar as pílulas e não podemos desobedecer às normas.

Hanna apontou para o meu braço. Ato contínuo, fechou a mão direita sobre o seu pulso esquerdo.

— É certo que o chip detecta substâncias químicas em nosso organismo.

— O que será dela?

Hanna deu de ombros. Nós ficamos buscando, uma no silêncio da outra, resposta que não tínhamos.

Naquele dia, Morana não retornou. E não apareceu também no dia seguinte, no dia do dia seguinte. Tivemos certeza de que ela não voltaria mais quando outra pessoa ocupou a cama que era dela.

A moça estava se ajeitando, ainda, quando me pus no caminho entre ela e a monitora.

— Onde está nossa amiga, o que fizeram com ela? — perguntei, firme.

A monitora olhou-me de cima a baixo. Talvez não tivesse entendido minha ousadia em lhe interpelar. Talvez tivesse imaginado que eu apenas fosse fazer de conta que nada acontecera. Não sei o que ela imaginou, mas o meu questionamento, além de fazer com que ela me encarasse, esticou o silêncio. E esticou. Até que, enfim, a monitora desembuchou:

— Eles a expulsaram.

— Como assim?

— É o destino de todas que não obedecem às regras. Se você não é a favor de como as coisas funcionam no Domo, não pode ficar nele. E não importa se você faz parte das pessoas limpas.

— Mas... e para onde ela foi?

— Foi para o lado sujo.

A monitora não disse mais nada. Deu-me as costas e partiu.

E eu me enchi de novas perguntas: O que seria de Morana fora do Domo? Seria infectada como alguns? Viveria o caos que outrora havíamos presenciado? Afinal, como estava a colônia do lado externo do Domo? Depois que a cerca nos isolou ainda mais, nenhuma informação a respeito nos chegou. Como estaria a vida daquele lado? Nem mesmo a mãe, que vez e outra trazia alguma notícia, soube de algo novo. De todo modo, havia um lado bom em descobrir que Morana – apesar do cenário lúgubre e indefinido do lado de fora do Domo – poderia estar bem.

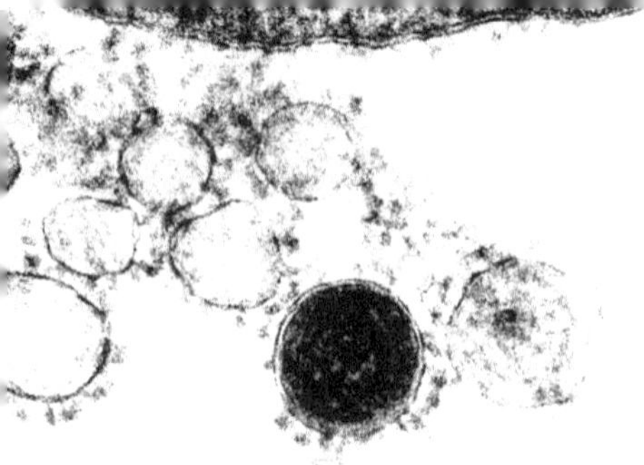

31

Passamos a ser convocadas para a sala de fecundação com mais frequência do que a habitual, eu e as meninas. Escutamos das monitoras que o processo havia se intensificado por conta da infertilidade que nos rondava. Nós, mulheres, apesar de sermos identificadas no sistema como férteis, apesar de nossos chips da saúde apontarem que estávamos em perfeitas condições, não engravidávamos. E eles ainda não sabiam o motivo. Provavelmente, o problema era com os homens. Havia alguma coisa na carne que comiam, talvez uma substância não identificada, não sei, que lhes enfraquecia os espermatozoides. Por considerarem tal possibilidade, a alternância desses que adentravam na sala a fim de nos encher com os seus espermas era grande.

Na posição em que ficávamos, olhávamos umas para as outras – cabeças fora das baias, já contei. Dessa posição, até que poderíamos ver o rosto dos homens, caso isso fosse possível. Aqueles que estavam na baia à nossa frente, posicionados atrás dos nossos corpos, porém, tinham os rostos cobertos por um capuz. Eu sabia que aqueles rapazes não estavam ali para serem identificados, vistos e admirados. Estavam ali apenas para oferecerem seus membros e seus espermas. Para mim, outra explicação não havia. Ah, como aquilo era contrário à união prevista por Deus para que homem e mulher dessem filhos à Terra! Enfim, estávamos inseridos em uma realidade apocalíptica não esperada. Estávamos em um novo mundo. Um mundo que, entre outras coisas, nos exigia nova compreensão.

Em uma das convocações, na fila que levava para a sala de purificação, eu, nua, não consegui tirar a imagem de Morana sendo arrastada à força, gritando que não queria mais passar pelo ritual da fecundação. Ainda que eu tivesse tomado minhas pílulas, e mesmo com a dose extra que nos davam todas as vezes que nos submetíamos à entrega de nossos corpos, não consegui deixar de pensar nela. Na sala, pernas abertas na cadeira ginecológica – minha parte íntima sendo purificada – tentei e tentei afastar Morana de mim, mas só consegui me esquecer dela quando eu já estava na minha baia, pernas abertas à espera do membro de um desconhecido. E só o fiz porque fui atingida pela surpresa. Recebi um golpe tão forte que meu coração saltou, pareceu descompassar fora do meu peito.

Eu vi que entraram. Como das outras vezes, acompanhei os passos dos homens que vieram. Reparei nos capuzes. Observei-os, nus, postados atrás de minhas companheiras. À minha frente, a imagem que eu tinha era exatamente a das meninas em suas baias, os rostos voltados para o centro, encontrando as faces umas das outras. Alguns rostos transpareciam a aceitação; outros, a indiferença. Incômodo também estava presente nos olhares de umas tantas. E havia, ainda, a esperança – quase felicidade – naquelas que se viam fazendo o que faziam em nome de Deus.

Os homens, segurando as nádegas daquelas que seriam curradas, ajeitaram o membro enrijecido à altura confortável da penetração. Num repetir de gestos, exatamente como das outras vezes, mãos também seguraram as minhas nádegas. Exatamente como das outras vezes, eu apenas fechei os olhos e esperei. Mas, diferentemente das outras vezes, antes de eu ser currada, escutei:

— Desculpa.

Nenhum deles me pedira desculpas antes.

E nenhum deles, ainda que o tivesse feito, teria aquela voz.

Tive que olhar. Não podia, mas virei a cabeça para trás e olhei. E quando o fiz, ele tirou o capuz.

E foi assim que Mateus soube que eu também era uma das moças que deveriam dar o fruto. Eu era uma das escolhidas a parir os filhos para a nova Terra.

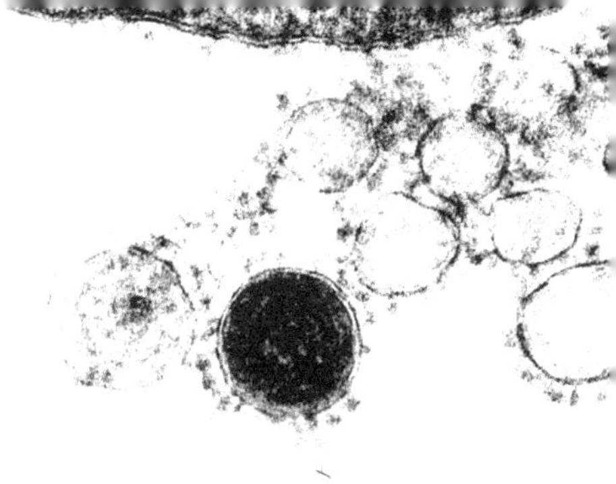

32

Soou um alarme. Alto. Tão alto que nos assustou. Fez com que todas as mulheres voltassem os olhos para a minha baia. Rostos desconcertados e surpresos – não tanto quanto o meu, é verdade – assistiram aos monitores se aproximarem de Mateus. Viram-no ser orientado a sair. Algumas delas escutaram os monitores reprimindo-o por ele ter tirado o capuz; por ter, dessa maneira, feito conexão comigo. Não sabiam, aqueles repressores, que já éramos ligados, eu e Mateus. Nós não havíamos, até aquele momento, nos tocado sem que o frio da cerca envidraçada barrasse parte das nossas sensibilidades, sei disso. Faltava-nos o calor da carne. Mas tínhamos uma ligação profunda. Por isso mesmo, acompanhando os passos de Mateus ao deixar a sala, eu quis que nossa conexão tivesse ido além. Por um instante eu quis, mais que tudo, que a nossa carne fosse uma. Minha própria carne, todavia, já estava à espera de outro desconhecido assim que Mateus deixou a sala de vez.

O fato de não terem me levado também não impediu que eu recebesse, depois, a dose de advertência que me cabia. Quando deixamos a sala de fecundação, após me vestir, não segui com as demais. Acompanhei duas monitoras até uma outra sala, não longe dali. Um homem de cerca de trinta anos levantou os olhos do que antes fitava: anotações, documentos, não sei. Era o Messias. Olhou-me de cima a baixo e me apontou a cadeira à frente de sua mesa. Ordenou, com gesto, para que as monitoras saíssem. E, então, abriu-me o seu leque de reprimendas. Lembrou-me das normas; enfatizou que precisávamos, todas nós, segui-las. E fez um discurso requentado – palavras já ouvidas por todas nós – de que não era permitido nenhum tipo de relacionamento entre homens e mulheres no Domo, principalmente, no ritual da monta. Foi isso mesmo, com estas palavras: *ritual da monta*. Como se fossemos animais. Como se fossemos vacas. Ao ouvir aquilo, imediatamente pensei que aquele que me reprimia de certo modo estava certo. Apesar de a pastora Flor, e ele mesmo, nos convencer de que éramos instrumentos de Deus – fato que eu vinha concordando –, ao ouvir que na sala de fecundação acontecia um ritual de monta, eu me senti, não um instrumento de Deus, mas um bicho. Todo o meu sentimento ruim da primeira vez que fui colocada na baia, voltou. E foi assim, mastigando esse sentimento em meu interior que retornei para o quarto levando comigo a incredulidade, a descrença que começou a emergir, ressurgir. Ao passar pelas minhas companheiras, eu carreguei em meus passos o tremor do que eu havia passado na baia. O frio na barriga, os batimentos acelerados do meu coração também me acompanharam até a cama e eu fiquei assim, sentindo-me ansiosa, temerosa, tomada por uma angústia que eu não vinha sentindo nos últimos tempos.

Sophia quis conversar sobre o ocorrido, quis saber se fui maltratada de alguma maneira. Eu lhe disse que não, que só tinha recebido um sermão. Do Messias!

Sophia espantou-se.

Eu poderia ter-lhe dito que a imagem do Messias, para mim, não era mais a mesma. Eu poderia ter dito a ela que ele, na verdade, nos enxerga apenas como um objeto a ser usado num ritual de monta. Poderia ter-lhe dito que, se assim ele nos via, a bondade do Senhor não estava em seu coração. Eu poderia ter dito. Mas não disse. Eu somente afirmei que estava tudo bem.

Depois de alguns minutos, ela perguntou-me:

— E o que foi aquilo na sala de fecundação?

— Então você não viu quem era o rapaz?

Ela fez que não. Explicou-me que, de onde estava, não conseguiu distinguir com clareza a cena que se desenrolou.

Em silêncio, por mais tempo do que a conversa pedia, apenas sustentei o olhar em Sophia. Até que esclareci:

— Era ele!

Nova surpresa estampou-se no rosto dela. E logo a expressão se transformou em um sorriso.

— Bom, ao menos, se você engravidar, saberá quem é o pai!

Eu não sorri. Continuei com o semblante fechado, ansiosa. Com ar de decepção na voz, revelei:

— Não consumamos o ato.

— Ele não...

— Não. Não houve tempo. Antes de me possuir, pediu-me desculpas. E eu reconheci a voz. E olhei para ele. Naquele instante, ele tirou o capuz e o alarme soou. O resto você já sabe.

— Te pediu desculpas? Nunca nenhum deles me pediu desculpas antes de me possuir!

— Também não haviam pedido a mim.

— Não é bonito?

— O quê?

— Essa atitude! Significa que ele estava se desculpando por ter que fazer aquilo sem a sua permissão.

De certo modo, desde o momento em que concordamos com as regras, desde que a ojeriza da primeira vez foi superada, ao entrarmos em nossas baias estamos dando permissão. Foi o que pensei ao ouvir Sophia. As desculpas de Mateus, portanto, talvez não fossem exatamente em razão da permissão. Talvez ele se desculpasse por nos possuir feito objetos, feito animais. Será que todas as vezes ele pedia desculpas? E por que, antes, não sofrera repressões? Era evidente, a resposta. Das outras vezes ele não havia tirado o capuz; não havia misturado seu olhar com aquela a ser possuída. Essa conclusão libertou-me um sorriso.

— A atitude dele foi bonita mesmo, né?! — eu disse. E completei: — Como será que ele está? O que estará pensando de mim, de nós? Será que o machucaram?

— Machucar? Duvido. Não machucaram você. Não te castigaram.

— Não o fizeram porque precisam do meu corpo. Precisam dos *nossos* corpos, você sabe.

— Que seja. Mas, voltando ao caso dele, ele é um monitor. É um deles, agora. No máximo, recebeu um sermão, assim como você.

Demorei a descobrir o que havia se passado com Mateus.

Demorei muito.

Voltei à sala de fecundação três, quatro vezes, antes de conseguir me encontrar com ele outra vez. Eu tinha esperança de encontrá-lo de novo na sala de fecundação. Isso não aconteceu. Até que eu voltasse a ver os seus olhos e apreciar o seu rosto, fui ao seu encontro várias vezes, perto da indústria alimentícia. Lá esperei. Esperei. E voltei. E fui outra vez. Depois outra. A cada espera malsucedida, minha ansiedade se agigantava. Tive medo de algo grave ter-lhe acontecido. Tive medo de ele sumir.

Até que o vi.

Estava bem. Boa aparência. E expressão suave.

— Graças a Deus! — foi esta a primeira frase a escapar de mim.

Grudei o meu rosto no vidro. Grudei a minha mão, à espera de que ele fizesse o mesmo. E ele o fez. Com a vidraça a nos separar, na ausência do calor da pele, nós nos tocamos. Mateus sorriu.

— Como você está?

— Estou bem, não se preocupe — ele respondeu.

— Fiquei tão preocupada! Eu... eu....

— Está tudo bem, já disse! — ele me garantiu.

Ah, eu havia pensado em tantas coisas para dizer no momento em que estivéssemos juntos! Existia um mundo de sentimentos dentro de mim que eu precisava libertar. Era tanto a dizer que, por um momento, eu não soube por conde começar. Resolvi, então, explicar o motivo de eu não lhe ter contado que era uma das escolhidas para ser fecundada.

— Eu... eu ia te contar... — comecei. — Fiquei com medo. Medo de você não reagir bem. Eu...

Mateus fez o gesto de colocar o dedo sobre meus lábios, tocando o indicador no vidro da cerca, e eu me calei.

— Não precisa dizer nada.

Ele sorriu.

— Você não....

— Eu também estava lá. Também não lhe disse nada. Nós simplesmente somos escolhidos. Seguimos as normas. Se não obedecermos, somos expulsos do Domo. Além disso, somos um instrumento para uma nova vida. Eu, você, todos os outros que foram os escolhidos para fertilizar essa nossa nova Terra, somos a salvação, não somos?

Balancei a cabeça, em sinal afirmativo.

— Eu só queria que fosse você.

Mateus franziu o cenho. Não entendeu minha afirmação. E não teria como. Era, conforme eu disse, nosso primeiro encontro depois do acontecido.

— Queria que fosse eu? — ele perguntou, e vasculhou resposta em meus olhos, em meus lábios. Procurou em mim as palavras que demorei demais para dizer, mas, enfim, disse:

— Queria que fosse você que tivesse me engravidado!

Ele afastou-se um pouco da cerca. Dois passos para trás – espaço o suficiente para ver todo o meu corpo – contemplou a minha barriga. Não havia volume nenhum, é claro que não. Ainda assim, eu balancei a cabeça em sinal positivo. E assim, somente com o gesto, lhe reafirmei estar grávida.

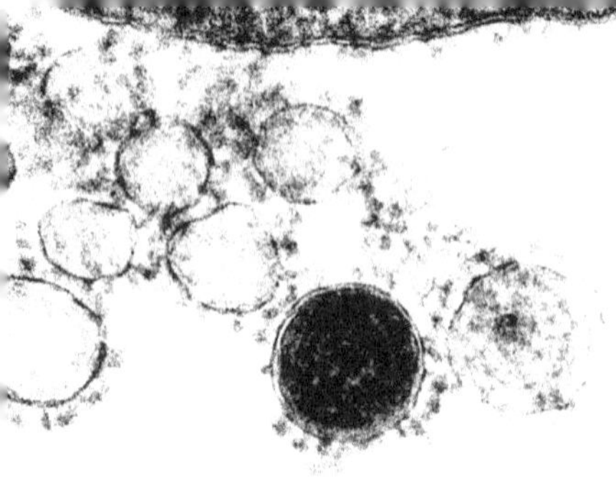

33

Fui a primeira do nosso quarto a engravidar. E fui a primeira a ser chamada pelo Messias e pela pastora Flor para subir ao palco no dia do culto, subsequente à confirmação da minha gravidez. Logo outras que estavam presentes também foram convidadas. Assim, eu e mais oito ficamos expostas. Havia cerca de duzentas mulheres no culto naquele dia.

— Deus nos chamou. E chamou cada uma de vocês para a santificação e para a "limpeza" da humanidade. O Espírito Santo glorificou-se. E "*eis que os filhos são herança da parte do Senhor, e o fruto do ventre seu galardão*[8]". O fruto em vossos ventres é a glória, a recompensa maior pela entrega de seus corpos — disse o Messias. E fez o sinal da cruz direcionado às nossas barrigas. Em seguida, passou a palavra para a Flor.

— Eu peço a vocês, irmãs, aplaudam estas que aqui estão. Elas são as primeiras a engravidar — anunciou ela.

Começaram tímidos, os aplausos. Eu observei as poucas mãos se movendo. Vi que uma e outra moça buscaram nos olhos um atestado para o gesto. Vi que sorriram. E que intensificaram as palmas. Não demorou para que todo o salão nos aplaudisse. Demorou menos ainda para que seguissem o arroubo da Flor. Em uníssono, o ambiente era palmas e glória.

— Aleluia, irmãs! — gritava Flor.

— Aleluia! — repetiam as outras.

O Messias, nesse momento, sorriu. Enquanto o coro de vozes aumentava, calmamente ele se retirou. Eu o vi deixar o palco. Eu o acompanhei e, ao fazê-lo, percebi que dentro de mim, o mal-estar que havia sentido por ele se amainara um pouco. A gravidez havia me preenchido de novos sentimentos. Tanto que a ênfase das mulheres ao gritar aleluia me contagiou. Eu me entreguei àquele momento de tal maneira que, ao mesmo tempo em que eu passava uma das mãos na minha barriga, eu também sorria e gritava aleluia!

Naquele instante, um peso parecia ter sido eliminado das minhas costas. Primeiro, porque o filho que cresceria em mim, apesar de não ser de Mateus, recebeu dele compreensão e bênção. Quando lhe contei da gravidez, sua primeira reação foi de surpresa. Confusão passeou em sua expressão. Contudo, num segundo momento, a gentileza lhe estampou a face e ele disse: "Que o Senhor abençoe esse filho!". Segundo, porque apesar de eu e aquelas oito grávidas sermos poucas, éramos a esperança de que outras mais também iriam conseguir germinar o fruto em seus ventres. Mais cedo ou mais tarde, as futuras mães se multiplicariam.

Descemos do palco. Carregando os aplausos a cada passo, voltei para o meu lugar. Hanna, inflada pela euforia de todas, abraçou-me forte. Desejou-me felicidades. Sequer esperou que eu comentasse algo e quis saber o motivo de eu não lhe ter contado antes. Eu apenas respondi a ela que iria lhe contar, mas que a Flor, no fim, antecipou-se a mim.

Assim que o culto terminou, fui chamada, com as outras grávidas, para uma conversa particular com o Messias. A sala na qual estávamos era grande, imaculada, com um telão gigante a transmitir imagens da nova Terra. A Terra Prometida, em cenas de um futuro belo, ficou passando durante todo o tempo da nossa conversa. Ora e outra, ele nos apontava imagens para consolidar, fortalecer e dar credibilidade à sua fala.

— Os filhos que cada uma de vocês carrega, serão a gênesis dessa nova Terra. Estamos esperançosos. Estamos felizes, por vocês e por nós.

Ele sorriu. Fez propositał silêncio e, ato contínuo, explicou:

— Vocês receberão cuidados especiais. E, quando chegar o momento, os seus filhos também. Por hora, não queremos que se preocupem com absolutamente nada. Não queremos que fiquem ansiosas, que transfiram para os bebês qualquer dúvida interior. Vocês, regularmente, mais vezes do que antes, serão examinadas, acompanhadas. Nós preparamos tudo; o melhor que podemos oferecer, vocês terão. Por isso mesmo, desde já, quero lhes dizer que serão transferidas para uma ala especial, a ala projetada para as grávidas!

Outro sorriso dele. Faltou apenas nos abraçar, de tão afetuoso que estava. Apesar da voz doce, das explicações calmas, um arrepio percorreu-me a espinha. Ala para grávidas? O que significava aquilo? Eu não havia imaginado deixar o meu quarto, minhas companheiras.

Meus silenciosos questionamentos foram interrompidos por novos esclarecimentos:

— Como eu disse, vocês receberão ainda mais atenção do que vinham recebendo. Estaremos com vocês vinte e quatro horas por dia, se necessário for. Não queremos nenhum contratempo. Esses bebês precisam e *irão* nascer saudáveis. E, assim como eles, vocês também precisarão estar na melhor forma. São, a partir de agora, nossas primeiras reprodutoras especiais. Terão que estar prontas para futuras reproduções, não é mesmo?

Levantei a mão, não me contive. Meio sem jeito, mesmo sem saber se de fato poderíamos perguntar, eu o questionei:

— Futuras reproduções? O que isso significa, exatamente?

As outras meninas me olharam. Ele, igualmente, prendeu o olhar em mim. E permaneceu calmo.

— Significa que serão preparadas para darem à luz, não apenas a um, mas a vários filhos!

Não fui capaz de entender a total dimensão daquela revelação, não naquele dia. Nos moldariam, nos fariam corpos reprodutores? Teríamos que gerar um filho atrás do outro feito máquinas? Tive vontade de perguntar sobre isso. Não perguntei. Achei que esticar as indagações não mudaria em nada a situação na qual nós, as *reprodutoras especiais*, nos encontrávamos. Além disso, como eu disse, eu ainda não havia alcançado a total dimensão do que seria me tornar uma reprodutora. Que eu seria, *seríamos* objetos, não era novidade. Mas o que mais seríamos? Naquele instante, pareceu-me mais importante saber sobre a mãe.

— E nossas visitas? Poderei continuar a ver minha mãe?

O Messias sorriu. Outro sorriso amável. Ao mesmo tempo, balançou a cabeça antecipando resposta positiva. Mas antes que ele respondesse, eu emendei outra pergunta:

— Poderei... *poderemos* passear pelas alamedas, como sempre fazíamos?

— Vocês não serão cerceadas de seus direitos. O Domo não é uma prisão, como sabem. Então, sim, as visitas continuam iguais. Já os passeios, esse tempo livre de cada uma, é natural que diminua com o tempo. Os nossos médicos avaliarão se isso causará esforços físicos além do necessário. Uma vez mais eu digo: não fiquem ansiosas. Não há motivo para isso. O motivo é de festa!

Não ficar ansiosa? E se meus encontros com Mateus não fossem mais possíveis? Como não ficar ansiosa sem ele? E como festejar a gravidez se o futuro, apesar de tudo o que nos foi explicado, parecia-me nebuloso?

Tentei antever os dias com meu filho que nasceria. Tentei apenas enxergar-nos alegres, brincando, correndo pelo parque do Domo. Tentei montar em minha cabeça o roteiro normal, cenas corriqueiras entre mãe e filho. Não consegui. Tudo o que eu vi foi o meu corpo na baia, à espera de ser currada, à espera de engravidar e reproduzir outra vez.

34

A mãe ficou esquisita. Um ou dois minutos estranha, muda, olhar perdido, apesar de fixo na abóbada do Domo. Ela via as nuvens que, vivas, de muitas formas, moviam-se a arrastar o branco flutuante pelo céu azul. Fixava-se na cena, mas era como se tivesse sofrido uma síncope, um derrame; como se mergulhada na escuridão.

— Mãe, diz alguma coisa!

Ela direcionou os olhos para mim, mas permaneceu calada.

— Mãe! — insisti. Ato contínuo, envolvi as minhas mãos nas dela. — Por favor, mãe!

O silêncio. A respiração. E a ampliação do medo, que crescia a cada palavra não dita, faziam-me aflita – meu olhar grudado no rosto de estátua dela.

Finalmente, as palavras lhe escaparam.

— Desculpa, filha. Não sei o que dizer.

Com voz baixa, guarnecida de estranha perplexidade, tentou explicação:

— Eu... é claro que eu esperava que você engravidasse, filha. *Nós esperávamos* – enfatizou. — Acontece que não sei se isso é bom ou ruim.

— Como assim, mãe? É claro que é bom.

O canto dos lábios dela moveu-se num tímido e torto sorriso.

— Se você diz, filha.

— Já contei para a senhora que teremos tratamento diferenciado. Tudo o que farão por nós, reprodutoras especiais que somos, não pode ser ruim.

— Reprodutoras especiais, você disse. — Balancei a cabeça. — Meu medo é que façam de você apenas isso: reprodutoras.

Franzi o cenho. Fechei o rosto. Tranquei o pouco da leveza da face que me restava e, dessa vez, eu que fiquei em silêncio. A mãe voltou a trancar-se em sua mudez também. Inundou minha cabeça com as desconfianças e o negativismo dela e calou-se de novo. Nós não conversamos mais sobre esse assunto. Até que o horário de ficarmos juntas terminasse, para dizer a verdade, não falamos de nenhum outro tema. Ela, sequer, aventou uma das suas teorias da conspiração. Apenas passeamos pelas alamedas do Domo de braços dados uma com a outra. Ainda assim, e apesar do receio da mãe com relação a minha gravidez, fiquei feliz em vê-la. Cismada, mas feliz.

Voltei para o meu novo aposento tentando deixar para trás as sementes da inquietação. Minha nova fase, afinal, estava apenas começando. Eu, de fato vinha sendo bem tratada. Melhor do que antes. Regularmente, a despeito de o chip da saúde em meu pulso alimentar o sistema com os meus dados a todo o momento, eu era sempre examinada. Precaução, eles me diziam. Pediam-me, ainda, para tomar um novo medicamento, além das drágeas que eu já ingeria.

— Ajudará para que você tenha um bebê forte, o mais saudável do que qualquer outro — orientaram.

— E que medicamento é este? — perguntei.

— É apenas um complexo vitamínico, não se preocupe.

Eu não me preocupei. Deveria. Mas não me preocupei. Ocupei os meus dias adaptando-me ao meu papel de grávida, adaptando-me às novas drágeas – que as monitoras garantiam que engolíssemos – e às minhas novas companheiras.

Éramos em três no novo quarto. Havia leito para mais duas, que não tardariam a serem ocupados. E ocupados por duas pessoas que me deram um bem-estar tremendo: Sophia e Hanna.

Quando as vi passar pela porta, abri um sorriso. E abri os braços. Abraçaram-me. Sorriram. Festejaram minha barriga e a delas próprias. A minha, apesar de doze semanas de gravidez, estava do tamanho de uma barriga de cinco meses, um pouco maior do que a das minhas amigas. Com doze semanas, o período mais delicado do desenvolvimento do feto já fora vencido. Aos três meses, o bebê já é um ser humano pequenininho, pronto para engordar e desenvolver os órgãos. A considerar minha circunferência abdominal, o meu pequeno seria um touro.

Sophia passou a mão em minha barriga pela segunda vez. Eu acarinhei a dela. Nossos olhares ficaram estáticos por cinco ou dez segundos e, então, ela perguntou-me:

— Você o viu de novo?

Eu sabia que ela se referia a Mateus. Lhe respondi que sim. Eu o tinha visto quatro vezes, desde a gravidez, mas fazia cerca de trinta dias que eu esperava a oportunidade de um novo encontro. Nas ocasiões em que as monitoras me deixaram mais "livre", ele não apareceu. É claro que a ausência mexia comigo, deixava-me angustiada, triste, saudosa. Mas eu vinha aprendendo a lidar com a situação. Eu vinha me preparando para o dia derradeiro, onde eu teria a certeza de que não mais nos veríamos. Doía considerar tal possibilidade. A fim de amainar a dor, eu me sustentava nas palavras do Senhor. Agarrava-me a elas como um náufrago que se agarra a um pedaço de isopor no meio de um mar revolto. A despeito de eu sentir que, cedo ou tarde, não veria mais o Mateus, eu tornei a vê-lo depois que tive o meu filho.

Foi um encontro que me desestabilizou. Eu, que já andava quebradiça, resultado de uma conversa com a mãe, senti que iria desmoronar.

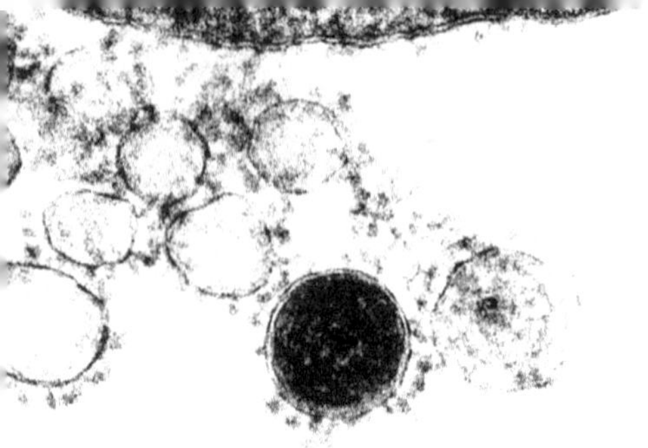

35

O meu grito ecoou, invadiu cantos, chão, teto. Atravessou as paredes, e as ondas sonoras voaram para se tornarem ressonâncias no corredor. Eu gritei mais de susto do que de dor. A dor forte viria mais tarde. Naquela hora, o que veio foi o líquido da bolsa, que estourou. Boa parte desceu por minhas pernas e formou uma poça sob os meus pés. Senti-me um tsunami. E tive receio de naufragar em mim. Não estava na hora. O bebê tinha apenas cinco meses. Não estava na hora. A bolsa não podia ter estourado. Mas estourou.

A antecipação iminente do parto me fez soltar o grito. Havia três companheiras no quarto comigo quando aconteceu. Uma delas era Hanna. Olhei-a assustada, e, após o grito, lhe pedi:

— Vá chamar alguém!

— Pode deixar, eu vou — Carla se ofereceu.

Nós quase não nos falávamos. De todas, Carla era a mais calada. Demonstrou-se prestativa naquele momento. Saiu apressada, segurando a própria barriga, olhar assustado feito o meu. Hanna, naquele hiato de espera, amparou-me. Ajudou-me a sentar na cama. Devagar. Bem devagar.

— Calma, calma! Vai dar tudo certo — ela disse, à espera de tranquilizar-me.

Eu esperava que sim, que tudo ficasse bem. Entretanto, quando Carla voltou com a monitora, fiquei ainda mais apreensiva.

— Chegou a hora, vamos! — Ela pegou em meu braço. Sequer sorriu.

— Espera! — pedi. E abracei a Hanna. Em seguida, peguei a minha Bíblia. — Posso levar?

— Pode. Mas não poderá entrar na sala de parto com ela — avisou-me a monitora.

Sala de parto. Então, tínhamos uma sala de partos. E por que não haveríamos de ter? A gravidez era um programa. Desde a sala de fecundação, a ala das grávidas, as promessas de que receberíamos tratamento diferenciado – como de fato já acontecia – até as palavras do Messias e os sermões da Flor a nos preparar, tudo fazia parte de um programa. É claro que tínhamos uma sala de partos, concluí. Ademais, se havia um hospital, haveria a sala de parto. Ou cirúrgica. Ou centro de parto. Ou qualquer que fosse a denominação que dessem.

Eu estava certa. No hospital havia uma estrutura para partos. Havia uma antessala, com cadeiras e camas confortáveis para que pudéssemos esperar, pudéssemos passar por nossos trabalhos de parto. Fui acomodada em uma delas. Vi que cerca de outras oito mulheres também estavam à espera. Não demorou para que duas delas, há mais tempo ali, amplificassem suas trilhas sonoras da dor. E demorou menos do que eu imaginara para eu mesma começar a sentir as fortes e doloridas contrações.

— Mãe, cadê você! Eu quero a minha mãe! — falei baixinho para mim mesma. Ato contínuo, olhei para a monitora-enfermeira que nos cuidava, fiz um gesto para que ela viesse até mim e, então, entre uma contração e outra, sem muita força na voz, pedi-lhe: — Chamem a minha mãe!

— Não será possível. Não é permitido acompanhante. Reprodutoras precisam enfrentar o parto sozinhas.

— Não farei o parto sem a minha mãe!

— Mas é claro que fará — ela afirmou. E sorriu. E eu gritei.

E as dores das contrações aumentaram, e aumentaram. Uma outra enfermeira foi chamada. Fui preparada, posta na maca.

— Minha mãe, por favor! — voltei a implorar.

Apenas me olharam. Cheia de dor, agarrei-me à Bíblia.

— Não pode levar isso — disse-me uma das enfermeiras, prestes a tirar o livro sagrado das minhas mãos. Agarrei tão forte o livro que meus dedos ficaram roxos.

— Me deixe levar, por favor!

Ela, com gestos forçados, tentou arrancar a Bíblia de mim.

— Para! Me deixa! — gritei. — Se não posso ter a mãe, quero ter Deus.

Em razão do meu escândalo, uma médica surgiu. Sorriu-me. Foi mais compreensiva.

— Deixem que ela leve!

Lágrimas escaparam-me. Enquanto fui levada, orei.

Fosse um profissional, diria que a sala de partos era completa, moderna e segura. Foco de led; mesa cirúrgica; monitor e carro de anestesia com estativas de teto, espécie de estrutura para manter os equipamentos suspensos, contendo ponto para os gases medicinais, como o oxigênio e rede elétrica, facilitando o uso pelos profissionais. Acoplado a esse painel, módulos contendo suporte para pranchetas, soros, bomba de infusão. Toda a estrutura era pensada para diminuir os acidentes dentro da sala e reduzir o risco de infecção. Eu, ao entrar na sala, não me atentei para nada daquilo direito. Eu só tinha olhos para o meu momentâneo sofrimento.

Eu fui colocada na mesa cirúrgica com a vista ainda embaçada pelo choro e pela dor. Quando um urro escapou de mim, predizendo que a hora estava próxima, apertei a Bíblia. A enfermeira fixou-se em mim. Nossos olhares ficaram presos nos segundos e, mesmo sem dizer palavras, lhe agradeci.

— Vai dar tudo certo — ela disse. Ou acho que disse.

Minha dilatação do colo uterino já estava completa. A cabeça do bebê já iniciava, dentro de mim, o caminho da descida. Prenhe de dor, eu gritei. E gritei. E gritei.

— Força, força! — a médica pediu.

Eu estava prestes a desmaiar. Minha dor era a dor do mundo. A sensação de pressão sobre minha região perineal era tamanha que eu achava que me rasgaria, partiria ao meio. Em conversa com uma das minhas companheiras grávidas, uma delas havia me dito que eu ficasse calma, que a natureza era sábia. Havia me dito que a cabeça do feto é muito moldável, podendo se alongar ao passar pela bacia, colo do útero e pela vagina. "O bebê se adapta às suas medidas", ela havia me contado. Não era, porém, o que me parecia. Minha dor e a pressão que eu sentia eram tantas que eu achava que o bebê nunca sairia de mim.

Urrei. Respirei, ou tentei respirar na cadência que me pediam. E fiz esforço sobre-humano para expelir a vida, não sem banhar-me de suor, não sem ampliar a sonoridade da dor. Não sem achar que fosse morrer.

— Vamos, empurre! Empurre! Ele está vindo! Só mais um pouco. Só mais um pouco!

— Meu Senhor, me ajude. Ahrrrr!

— Vamos, mais um pouco. Força, força!

Fiz todo o esforço que pude. E, num rompante, a cabeça passou. Depois disso, o corpo dele praticamente foi cuspido por mim, saiu em menos de um minuto.

O meu filho nasceu grande. Saudável. Chorando alto. Assim que levantaram o meu menino, assim que o limparam, embrulharam em uma manta imaculada e me permitiram vê-lo um pouquinho, fiquei sem entender. Se era de cinco meses, prematuro, como podia estar tão bem e ser tão grande?

— Como... como ele está? — perguntei, quase sem voz.

— Melhor impossível — respondeu-me a médica. — Ele é perfeito! Exatamente como esperávamos!

Exatamente como esperávamos? Eu não o esperava tão grande, e tão bem!

Assim que a médica se retirou da sala, e enquanto não colocavam o meu filho para sugar o meu leite, apertei a Bíblia no peito. Imediatamente, os salmos de Mateus e Marcos nasceram em minha memória: "Então disse Jesus: '*Deixem vir a mim as crianças e não as impeçam; pois o Reino dos céus pertence aos que são semelhantes a elas*[9]'". "*Em seguida, tomou as crianças nos braços, impôs-lhes as mãos e as abençoou*[10].'".

Eu pedi:

— Abençoe o meu filho, Senhor!

Uma lágrima escapou-me. Eu a sequei enquanto observava a enfermeira repousar o meu filho em meu peito.

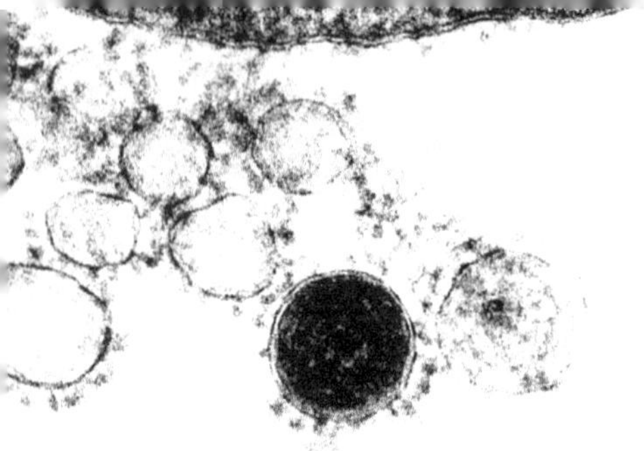

36

O dia amanhecera bonito. A luz solar, ao acarinhar as vegetações e a vida sob o Domo, dava àquelas primeiras horas na manhã, ares de normalidade. E colaborava para que a nossa refeição também se parecesse com as de antigamente, como as que existiam em nossas casas antes de o vírus engolir tudo. Mais ainda: a luz que permeou por horas, deu sabor diferente às palavras da pastora Flor, que fez germinar de sua boca, passagens encorajadoras da Bíblia. Depois dos avisos sonoros nos despertando, nos chamando para a nossa primeira refeição daquela manhã, cada mãe pôde comparecer ao culto com o bebê nos braços. No salão, que estava lotado, cerca de trinta por cento das mulheres embalavam as suas crias. Era bonito de ver. Vida brotando nos olhares, nas peles, nos corpos cheios de esperança; uma energia nova que cada uma emanava para si e, ao mesmo tempo, recebia.

Eu, havia algum tempo, antevia esperança. Esta palavra que era forte demais antes, quando cheguei no Domo, ganhara relevância. Com o meu filho nos braços, esse sentimento, esse desejo de tudo, enfim, melhorar, ganhou luz.

Luz. Tudo era luz.

Talvez eu estivesse mais emotiva, mais sensível a certas coisas por ser mãe, mas para mim era como se o brilho daquele dia repousasse nas palavras e nas coisas. Para mim, a Terra Prometida nunca fora tão verdadeira, tão próxima. Eu, de fato, estava bem. Me tornar mãe me havia feito muito bem. Eu parecia absorver a luz daquela manhã. Eu me sentia iluminada. Acontece que o mesmo sol que expande a vida, comprime-a, seca-a, racha. Uma pele exposta ao sol por muitos anos, sem qualquer proteção, é uma pele rachada, amarrotada. E as palavras que podem brilhar com a vida oferecida pelo sol, também podem ser queimadas. E foi assim que, de repente, o que me parecia belo, ficou feio. As palavras da Flor, que ao iniciar o culto tiveram um sentido especial, ficou sem sentido algum quando o Messias apareceu para dar seu toque final. O dia, antes tão leve, amarrotou meus sentimentos e me deixou passada com o que ouvi.

— A entrega de vocês foi louvável, irmãs! Vocês deram à luz filhos lindos e saudáveis. Ofereceram a Deus a maior dádiva que se poderia dar. A Terra Prometida, a *nossa* Terra Prometida, está cada vez mais próxima. Vocês deram o primeiro passo, *nós* demos o primeiro passo. Os filhos dessa nova Terra crescerão e terão, até o último dia de suas vidas, a carne pura. O Senhor está conosco. Nada nos faltará. Por causa de suas carnes, seus corpos que receberam a semente e germinaram a nova vida, seremos abençoados. Nós agradecemos, irmãs! Todos nós somos extremamente gratos por entregarem suas próprias carnes! Por oferecerem seus corpos. Por serem o instrumento da vontade divina. Aleluia!

— Aleluia! Aleluia!

Um coro se juntou ao Messias. A fé, naquele momento, agigantou-se. Eu, todavia, mergulhei em perplexidade. Lembrei-me das palavras da mãe ao dizer-me que esperava que não fôssemos tratadas apenas como "reprodutoras especiais". Lembrei-me do Messias me falando do *ritual da monta*, tratando-nos como animais. Permiti que o asco que eu senti na primeira monta voltasse. A iminência por vir, afinal, confirmava o que éramos. Servíamos apenas para isso, sermos montadas. Igual aos animais. E quando ele disse: "Preparem-se. Logo vocês serão, de novo, o instrumento de Deus. Logo germinarão novas vidas!", eu estremeci. A chama que, pouco antes, brilhava em mim, escureceu. O Messias não tinha o direito de quebrar o encanto que me envolvia! Não tinha o direito de menosprezar o meu papel de mãe.

Ao deixar o culto, parecia que eu estava andando na escuridão. Imaginei que a sensação fosse melhorar. Acreditei que as doses dos remédios me trariam de volta ao prumo. As pílulas da boa harmonia, contudo, não me estabilizaram. Eu passei dias em desequilíbrio emocional.

Sophia e Hanna não foram afetadas pelas palavras do Messias como eu havia sido. De minha parte, não as instiguei, não lhes tirei as expectativas da alegria da maternidade que, não demoraria, chegaria até elas. Entre as duas, Sophia, aliás, foi a primeira a ser levada para a sala de parto. Hanna teve o seu bebê quinze dias depois, um menino, prematuro, mas tão forte e grande quanto o meu. Sophia, uma menina. Também prematura. E igualmente desenvolvida, de nome Lilith. Eu não as desanimei. Até sorri, quando me pareceu apropriado sorrir. Contudo, por dentro, eu estava aprisionada numa espécie de medo. Além de o Messias dizer que precisávamos nos preparar – logo seríamos apenas carne reprodutora outra vez – os nossos bebês nascerem prematuros, porém desenvolvidos, não poderia ser normal. Uma e outra mãe tiveram seus filhos em tempo normal de gestação, é verdade. A maioria delas, todavia, dera à luz, filhos prematuros. E grandes. E fortes. Nenhum deles precisou ir para incubadora. Disseram-nos que não nos preocupássemos. Que os bebês, apesar de nascerem antes da hora, eram desenvolvidos em razão das vitaminas. Era o esperado, eles disseram. Num outro culto, a pastora Flor ultrapassou os limites da realidade e enalteceu que estávamos voltando às antigas origens, estávamos voltando ao tempo em que havia na Terra gigantes!

Eu descobri, pouco depois, que nada do que falavam sobre os bebês, nada do que nos diziam sobre as outras coisas era a verdade. A mãe havia me alertado anteriormente, eu sei. Mas foi Mateus quem me abriu os olhos. Não, Mateus fez mais do que isso: ele libertou um pavor que eu nem sabia que estava preso em mim. O que ele me disse foi bem pior do que tudo o que eu havia presenciado antes de refugiar-me na colônia com a mãe. Antes desse encontro do Mateus, porém, encontrei-me com a mãe. Permitiram, finalmente, que ela visse o meu filho.

— Mãe, este é o Samuel. Dei o nome do pai para ele — eu disse. E aproximei ainda mais o rostinho dele do rosto da mãe.

Ela, que sustentava na face um misto de felicidade e medo, não se conteve, chorou. Chorou de soluçar. Eu, com o bebê nos braços, mergulhei em desentendimento. Por que aquilo?

— Eu...eu não sabia que dar a ele o nome do pai...

A mãe engoliu a bola de choro que lhe entalou a garganta e explicou. Ou tentou.

— Não é só isso, filha. Isso, na verdade, é uma homenagem bonita. Dói lembrar do seu pai, dos seus irmãos. Dói recordar enterrando os corpos deles com as próprias mãos. O nome do seu pai no seu filho, mexe comigo, sim. Mas choro também por... por... Meu Deus! — a mãe exclamou. Colocou uma das mãos na boca e abafou um grunhido, que se transformou em soluços de sofrimento. Ou de medo.

— Mãe, pelo amor de Deus, o que está acontecendo?

Ela prendeu seu olhar em mim por bastante tempo. Percebi que estava prestes a explodir, ou a desfalecer.

— Mãe, ou a senhora me diz o que está acontecendo, ou vou encerrar esse nosso encontro agora!

Então, ela começou:

— O que disseram a vocês no culto? Disseram para se prepararem para servirem seus corpos outra vez, não disseram?

— Como a senhora...

— Uma das minhas companheiras também tem uma filha aqui nesta ala. A filha lhe contou. E ela, por extensão, nos contou.

Abaixei os olhos. Desviei-me do rosto da mãe talvez por vergonha, ou medo de admitir que ela estava certa. Nós, de fato, seríamos vistas apenas como meras reprodutoras.

— Esse lugar não é o que você espera, filha. Não é o que *nós* esperávamos! Olha o tamanho do seu filho, meus Deus! Isso é normal?

Eu mantive os olhos baixos. Fiquei olhando para o rostinho bonito do meu bebê.

— Filha, olha para mim!

Resisti.

— Filha...

Eu olhei.

— Eles... eles disseram que é normal! E ele está ótimo, se a senhora quer saber!

A mãe estampou no rosto expressão de desdenho às minhas palavras.

— Eu... eu estou para contar a você, faz algum tempo... — ela fez uma pausa. Respirou fundo. Engoliu sentimentos e palavras desnecessárias, mas deixou vir à tona o principal: — Aconteceu uma coisa na minha ala. Um caso grave. E, dessa vez, ninguém me contou. Eu vi, filha. Um grupo de vinte, talvez trinta mulheres, parece ter enlouquecido. Elas começaram a invadir os quartos, como se fosse uma rebelião, e agrediram quem estivesse pelo caminho. Só que não era uma rebelião. E as agressões não eram normais, se é que alguma seja. Enfim... Elas mordiam. Urravam. Pulavam sobre as outras indefesas sem lhes darem qualquer chance de reação. Quando eu e minhas companheiras de quarto percebemos que as enlouquecidas estavam vindo em nossa direção, nos trancamos. E, enclausuradas, escutamos a gritaria, a balbúrdia. O descontrole se agigantou. E diminuiu somente quando o pessoal da segurança foi acionado. Aquelas mulheres que perderam a sanidade, soubemos depois, foram expulsas do Domo. Esta é a versão que tentaram nos fazer engolir, pelo menos. Mas percebemos, todas nós, que o problema era bem mais grave. Aquelas mulheres não estavam apenas enlouquecidas, filha, elas estavam doentes com a variante do vírus!

— Mãe, a senhora está me dizendo que...

— Você entendeu. O vírus, de algum jeito, entrou na nossa ala. Ou porque alguma de nós desenvolveu a doença, apesar de antes estar limpa, ou porque comemos carne contaminada – os tais hambúrgueres que nos servem.

Emudeci. Olhei para a mãe, para o meu filho. Para a mãe outra vez. As lágrimas me escaparam. Demorei um pouco para absorver o que me foi dito e me controlar. Eu tremia. Quando me senti em condições, indaguei:

— E o chip da saúde?

— Não sei. O mais provável é que não detectou o vírus no organismo daquelas mulheres a tempo. E não é só isso... Algumas de nós arrancaram o chip do pulso. Do meu quarto, foi a Marta.

— Mas como essa... Marta, a senhora disse?

— Sim, a Marta. Nunca falei dela a você. Não importa. A Marta arrancou o chip com os próprios dedos. Enfiou a unha na carne. Enfiou, enfiou. Cutucou até encontrar o pouco que conseguiu e o arrancou. O chip, conforme nos disseram, tinha sido absorvido pelo corpo. Em parte, se integrado às veias, nervos e músculos. Mas havia um pedaço dele nesse emaranhado. Ela... ela puxou tudo. Arrancou um pedaço da própria carne. Eu... *nós*, as outras companheiras, poderíamos tê-la impedido. Mas ela fez essa barbárie em silêncio, encolhida em sua cama. Quando vimos, ela apenas nos mostrou o pedaço arrancado em sua mão.

“Meu Deus, por que você fez isso, Marta?!”, alguém de nós perguntou, não me atentei quem. Eu estava estarrecida olhando o sangue deixar o corpo dela. Eu estava tentando parar o sangramento com um pedaço do lençol quando ela respondeu:

— Se eu pegar a doença, não quero que eles saibam.

— Vá chamar a monitora! — eu pedi, quase aos gritos.

Quando a monitora chegou, a Marta já havia perdido os sentidos. Ela foi levada, e, desde então, nunca mais a vimos!

Assustada, meio sem jeito por causa do bebê, abracei a mãe com um dos braços. E ficamos as duas secando os olhos uma da outra.

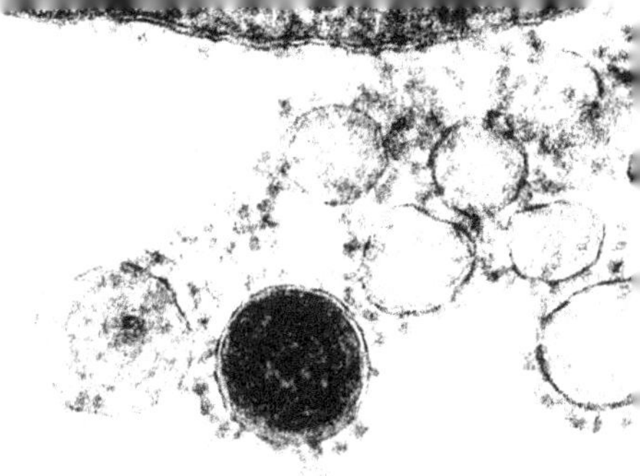

37

Não houve pílula da harmonia que afastasse a minha ansiedade, como eu disse. Não houve o que desacorrentasse os meus pensamentos de algum mal iminente. Eu estava presa no sentimento de que o Domo ruiria, desabaria como desabou o Templo de Salomão. Se o vírus havia entrado no Domo, então não haveria a Terra Prometida. Cedo ou tarde, nós morreríamos, era este o pensamento que martelava a minha cabeça. A ruína do Domo e a nossa morte eram as indagações que me vestiam e eu, por mais que tentasse, não conseguia me despir delas. O que fiz, então? Por um tempo, guardei para mim a angústia. Sophia e Hanna, é claro, repararam no meu desassossego. Quiseram saber o que se passava. Insistiram, inclusive. Mas eu não quis que elas também se vestissem de medo. Desconversei. Rejeitei as suas persistências em arrancarem de mim a minha apreensão e fiz o que me pareceu certo naquela hora: agarrei-me à Bíblia e a mantive como sustentação – âncora para não naufragar nas minhas emoções. Eu temia não apenas por mim, pela mãe, e pelas companheiras no Domo. Eu temia pelos nossos filhos. Deixar esse temor vir à tona não era opção.

Não ainda.

Não com elas.

Tampouco com Mateus.

Tanto que, ao finalmente me encontrar com ele, tentei agir com normalidade.

Havíamos nos encontrado em momentos rápidos. Encontros cada vez mais esporádicos, encaixados no tempo e no descuido da monitora. Como eu disse, eu o tinha visto muito pouco desde a gravidez. E fazia trinta dias, algo assim, que eu esperava a oportunidade de vê-lo outra vez. Eu sabia que o encontro poderia não acontecer. Ainda assim, eu carregava comigo a possibilidade de enxergar Mateus nem que fosse à distância, sem nos aproximarmos da cerca. Seria um alento. Eu pensava nisso todas as vezes em que passeava pelas alamedas com o meu filho no colo. Vez e outra era bom que a criança tomasse um pouco da luz do Sol, eles me orientaram. Assim, permitiram-me os passeios, não sem ser observada, contudo. De longe, olhos a me cuidar. De todo modo, nalguns momentos a monitora, donde estava, parava para conversar com outra companheira. Nessa hora, se estivéssemos na área em que os meus encontros com Mateus aconteciam, eu aproveitava. Não havia como saber se ele estaria por perto, claro que não. Depois de alguns fracassos, contudo, eu o encontrei, levando nos braços, o meu bebê.

A monitora, perdida em sua conversa, havia se distraído de mim. Até caminhou um pouco mais para longe de onde eu estava. Isso me daria um bom tempo com Mateus.

Ao me ver, ele sorriu. Retribuí-lhe o mesmo movimento dos lábios, mas, tanto a minha expressão quanto a dele, carregavam o peso da omissão. Eu percebi que ele não estava normal, não estava leve como das outras vezes. Talvez também tenha percebido o mesmo em mim. Se eu tentei agir com a normalidade que não me era cabível, ele pareceu-me fazer o mesmo. Ainda assim, nós mantivemos o sorriso. Eu aproximei o meu filho, encostei-o na cerca de vidro que me separava de Mateus e lhe apresentei. Disse-lhe que se chamava Samuel, o nome do meu pai.

— É um nome bonito — ele comentou.

— Em hebraico Shemu'el, literalmente, quer dizer "seu nome é Deus". Perfeito, não acha?

Mateus sorriu o mesmo sorriso que, ao invés de expressar alegria, carregava preocupação. De qualquer maneira, naquele instante, o que eu mais quis foi que ele tivesse sido o pai. Teria sido maravilhoso se o bebê tivesse nascido da nossa ligação, nosso afeto, e, porque não dizer, nosso amor. Eu amava o meu filho, não se tratava disso. Mesmo que o pai me fosse desconhecido; mesmo que eu tenha sido fecundada numa baia, feito uma vaca; mesmo que ele tenha sido o resultado apenas da carne, sem sentimento envolvido, eu o amava. Aprendi a amá-lo durante o período de gestação. Cada vez que eu passava a mão em minha barriga e o sentia, meu amor crescia. Mas se fosse Mateus o pai, eu estaria flutuando nesse amor; eu estaria, literalmente, nas nuvens.

— Nasceu prematuro, de cinco meses. Mas nasceu grande e forte como um touro!

Mateus, de novo, sorriu. Sequer mostrou os dentes, dessa vez. Não elogiou. Não disse se a criança era bonita. Não perguntou como eu estava me sentindo, nada disso. Engoliu em seco e começou a jorrar as palavras que eu gostaria de não ter escutado.

— Maria, eu... eu descobri algumas coisas. E acho que está na hora de você saber. E não há um jeito bom de dizer isso.

— Você está me deixando nervosa!

— Houve... houve alguns casos de contaminação aqui na minha ala.

Meu coração disparou, pulsou em minha garganta, minha boca; em mim inteira. Todo o meu corpo transformou-se em estremecimentos e palpitações aflitivas. As palavras de Mateus uniram-se às palavras que a mãe havia me revelado. A contaminação esteve na ala dela. E esteve na ala dele. Onde mais estaria?

— Faz algum tempo. Começou pouco antes de você dar à luz, eu acho. Repetiu-se em duas ou três alas, afora esta minha.

Balancei a cabeça, em sinal de confirmação, dizendo com tal gesto que eu já sabia.

— Você já sabia?

— Da sua ala, não. Mas aconteceu na ala da mãe. Ela me contou.

— Eles nos disseram que a situação foi controlada e que o Domo continua seguro e limpo.

— É, foi o mesmo que disseram a ela.

— Mas não é verdade, Maria. Sei que não é. Sou monitor. Como tal, sei de algumas coisas. Um monitor sempre passa adiante o que ouve e descobre.

Coloquei minha mão direita no vidro da cerca, palma aberta. Mateus juntou a mão dele na minha. Por um instante, nos fundimos no silêncio e na vontade de abraçarmos um ao outro.

— Você acha que estamos realmente em perigo?

Ele não me respondeu. Não de imediato.

Cedo ou tarde, nós morreríamos, eu havia considerado. A possibilidade da ruína do Domo e a nossa morte não saía de mim, desde que eu tivera a conversa com a mãe. A revelação de Mateus fez minha preocupação e medo eclodirem. E um certo desespero escapou dos meus olhos como se o meu interior entrasse em erupção.

— Olha, não sei o que pode mesmo acontecer. Mas sei o que já está acontecendo. E isto que eu estou te contando não é o pior.

— O que... o que isso significa?

— Eu... Bem, eu fui designado para monitorar a indústria alimentícia. — Mateus fez uma pausa. Fitou-me longamente. Nervosa, deixei escapar uma lágrima. Pudesse, ele a teria enxugado, mas apenas acompanhou a trajetória dela pelo meu rosto passando o dedo indicador no vidro da cerca que nos separava. — O Domo não é um lugar bom. Você não deveria estar aqui. Eu não deveria. Nenhum de nós deveria. Se tivéssemos continuado em nossas casas, talvez estivéssemos mortos agora, talvez não. Fosse o que fosse, ao menos não seríamos parte de tanta atrocidade!

— Não estou entendendo nada, Mateus! O que é que está tentando me contar, pelo amor de Deus!

Ele olhou para o meu filho. Olho para mim de volta. Minhas pernas bambearam. Eu estava prestes a não suportar o meu corpo.

— O seu filho... ele não é prematuro por acaso. Todos os prematuros foram planejados. E todos nasceram fortes e saudáveis por uma razão...

Silêncio. Ou quase. Ouvi minha respiração descontrolada. Ouvi um resmungar do meu pequeno. Ouvi quando Mateus puxou o ar com força e, finalmente, disse:

— Eles dão hormônios para os fetos desde quando começam a se desenvolverem nos úteros. Chamam de vitamina. Mas é um hormônio especial. Não sei detalhes, mas dizem ser algo parecido com os hormônios que dão para os frangos, que crescem em tempo recorde. É da vontade deles que parte das crianças nasçam grandes e se desenvolvam logo.

— Mas... não entendo! Por que eles iriam desejar uma coisa dessas?

Então, ele me contou todo o resto que sabia!

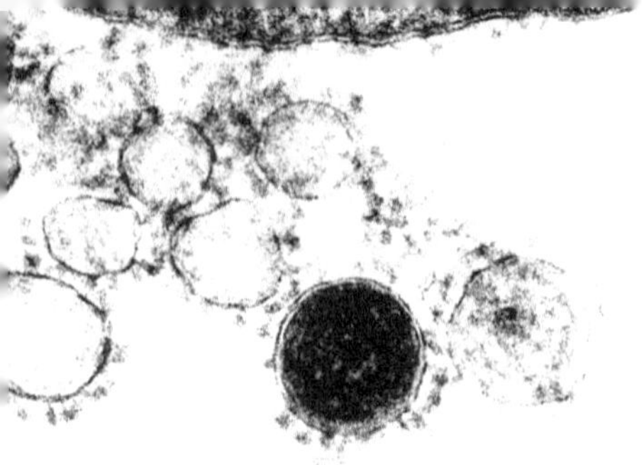

38

Seguem em fila pelo corredor de abate, mas não sabem que serão abatidos. Passam pela sanitização e continuam sem entender que serão abatidos. Ao cruzarem a etapa da limpeza, eliminando de suas carnes qualquer vestígio de doença, a consciência morre. Não há dor. Aparentemente, até onde a ciência é capaz de monitorar, não há indício de estresse. E é preciso que seja assim. Se houver, nesse processo, a presença do medo, o corpo libera uma adrenalina que, no fim, passará para a carne. E ninguém na colônia, ninguém no Domo deve mastigar sofrimento. É esta a recomendação. Portanto, ao fazerem o percurso até se tornar peça de abate, não há sofrimento.

Após o abate, as carcaças são colocadas em ganchos enormes e é feito o sangramento. Em seguida, com uma serra de fita pneumática, funcionários – cerca de cinco – dividem as carcaças ao meio. Cada carcaça recebe uma etiqueta de identificação contendo detalhes de sua classificação. Cobertura de gordura, a idade, o peso, o número de lote. O controle é rígido para que qualquer funcionário da indústria alimentícia possa identificar de onde a carne veio.

Penduradas nos enormes ganchos, as centenas de carcaças passam pela desossa. Depois, passam por fiscalização humana para que, a olhos vistos, verifiquem se ficou algum vestígio de ossos e cartilagens indesejadas. As cartilagens, ossos, partes menos nobres, por sinal, viram ração.

A carne segue para o congelamento e o resfriamento. Carnes congeladas e carnes frescas são armazenadas de maneiras distintas. Uma é congelada há cerca de 20, até 25 graus abaixo de zero. A outra descansa em temperatura bem mais amena, parecida com a temperatura da geladeira de nossas casas. Faz parte do processo.

Próxima etapa: os cortes são divididos por partes. Os funcionários, de roupas especiais, esterilizadas, fones de ouvido para abafar ruídos, luvas imaculadas, livres de qualquer bactéria, fazem a limpeza e a separação dos cortes, que seguem adiante no processo. Os blocos das partes congeladas, e das frescas também, são misturados, pois a mistura das carnes frescas com as congeladas garantem um produto mais consistente. Essa mistura vai para o picador gigante, por onde passa pelo triturador de blocos. A carne é triturada e moída. Uma vez moída, passa por um novo processo, a fim de que a moagem praticamente vire uma massa. A massa de carne segue para a máquina que faz o hambúrguer. Nessa máquina, a carne é prensada, separada para os moldes, que garantem homogeneidade. Os hambúrgueres são grandes, com cerca de 12 mm de espessura. Tendo o peso individual por disco de 115g. Tudo padronizado. Os hambúrgueres, então, correm por uma esteira e um compartimento que os deixará, em cerca de dois minutos, ultracongelados. Daí, são armazenados na câmara fria, à espera de serem distribuídos para as pessoas.

Quando Mateus me contou esse processo da fabricação dos hambúrgueres, não entendi bem onde ele queria chegar. O que me ocorreu foi: "De onde vinha a criação? Eu nunca vira nenhuma vaca no Domo". Eu já me perguntara isso. Lembro-me de que, ao nos apresentarem o Domo, haviam dito que ao lado do centro de inseminação e reprodução, ficava o lugar onde a carne pura era selecionada. Mas eu, após passear várias vezes ao lado da indústria alimentícia, ao passar perto do que seria o centro de inseminação e reprodução, nunca vi um animal sequer. Quem eram nossos fornecedores? De onde vinham os animais de carne pura? Eu, depois de entrar no Domo, nunca mais havia me questionado sobre isso. Será que... será que Mateus havia me contado todo o processo de produção só para dizer, no final, que a carne contaminada havia escapado àquele rigoroso processo?

— Você está me contando tudo isso só para me dizer que a carne pura, na verdade não é pura? Aliás, Mateus, diga-me, onde está a criação de gado? Você certamente sabe. Trabalha na indústria alimentícia. É um dos monitores. Não tem como não saber a origem da carne que comemos.

Mateus fixou-se em mim. Em seus olhos, mistério. Em meu peito, aflição.

— Diz logo! — Eu, impaciente.

Ele, enfim, revelou:

— Você está certa, Maria. Eu sei. E não há criação de gado alguma.

— Não?

— Não. Os animais, todos eles, como sabemos desde antes de entrarmos na colônia, foram dizimados. Não há um lugar no mundo que a terra não esteja contaminada, a não ser "aqui dentro do Domo". — Mateus fez o comentário gesticulando o sinal de aspas porque, afinal, o Domo já não era mais seguro. — Bem, talvez exista um lugar lá pros lados do Sul — ele continuou. — Há um boato sobre uma comunidade que encontrou um pedaço de terra boa e lá cultivam. Como eu disse, é só um boato.

— Se... se essa carne não é criada aqui, se não é produto de laboratório, de onde é?

— A carne que todos nós comemos, Maria, é carne humana!

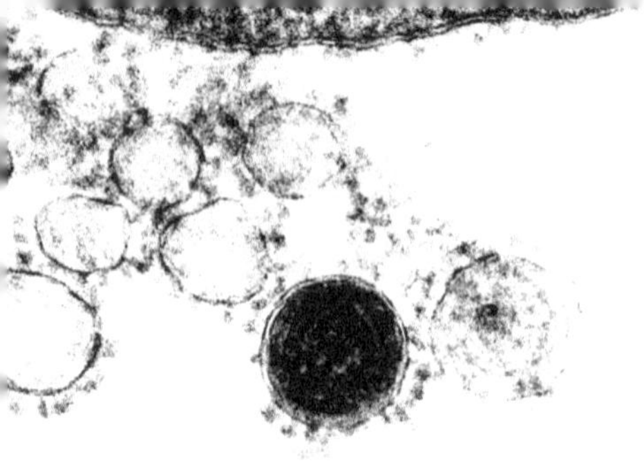

39

Eu, com olhar esbugalhado, liberei um grunhido – onomatopeia irreconhecível. No mesmo átimo, levei minha mão direita à boca como se o gesto me permitisse segurar o susto e a repulsa; como se os meus dedos, pequenos e frágeis, fossem capazes de impedirem meu interior, em forte espasmo, de se desprender de mim. Não contive o espanto que me escapava. Não foi possível. Eu, praticamente, senti-me despida de pele. Eu era o avesso. A carne exposta que acabara de ser ferida.

Prontamente após a revelação, minha mente foi invadida por imagens terríveis. No lugar de ver pendurados milhares de corpos de vacas partidas ao meio, sem as cabeças e as patas, eu vi corpos humanos. Nus. Partidos ao meio. Sem cabeças, sem mãos e pés, pendurados de ponta-cabeça – os incontáveis ganchos levando-os para a desossa. Vi os funcionários cortando pernas, braços, fatiando costelas e peitos. Os observei pegarem as carnes, nossas carnes, e atirá-las no recipiente que as levariam para o triturador. Vi os animais humanos serem moídos. Vi os hambúrgueres. E enxerguei estes discos que alimentam serem atirados aos pobres coitados da colônia dos gordos. Eles, os gordos, esfomeados, digladiando-se para pegarem mais e mais. Os vi mastigando a carne. O som da mastigação – movimentos em câmera lenta – estamparam-se em minha mente como seu eu assistisse a tudo em uma tela de cinema.

Era diabólico. Tudo era diabólico.

E estava na Bíblia.

"Na angústia do assédio com que o teu inimigo te apertar, irás comer o fruto do teu ventre: a carne dos filhos e filhas que o Senhor teu Deus te houver dado"[11]. A premonição bíblica se fez verdade. As palavras já não eram metáforas. O entendimento de que o cerco se fecharia, de que após milhares morrerem de fome as pessoas seriam forçadas a se alimentarem da carne um do outro, saltou nas páginas e me atingiu como se fosse uma arma. Mortal. Mesmo quando, no início da pandemia, eu presenciei gente morta, quando vi pela televisão pessoas enterrando seus mortos em suas próprias casas, não recaiu sobre mim essa passagem bíblica.

Tais palavras, naquela hora, tontearam-me. Pernas bambas me levaram ao chão. Desci vagarosamente. Devagar escorreguei as costas pelo vidro da cerca, apertei o meu filho entre o vidro e o meu peito e me sentei. Prostrei-me naquela Terra, também condenada, não mais prometida, e me entreguei a pensamentos que me rasgaram a carne, o peito, a confiança – ou ilusões –, e a realidade tomou a forma da lástima, da desgraça, da morbidez, do pavor.

Então, a mãe estava certa! A mãe, a despeito de eu julgá-la pessimista e descrente nalguns momentos, estava certa. Fora do Domo, na ala dos gordos, estavam engordando ainda mais as pessoas para que elas fossem abatidas, virassem alimento. Os inválidos, e alguns velhos estavam, não havia dúvida, virando ração. E os magros também estavam sendo empanturrados para ganharem corpos gordurosos, prontos para serem moídos.

Por quê? O que a humanidade fizera de tão sério para receber tal castigo? Que o Senhor nos mandasse um novo dilúvio, seria muito melhor. Que nos tirasse, se preciso, a consciência. Mas nos fazer viver o que estávamos vivendo era aterrador. O que acontecia, não podia ser coisa d'Ele.

Eu solucei. E solucei.

Eu quis ser amparada por Mateus, quis ser abraçada, confortada de algum modo. Ele apenas ajoelhou-se do lado em que estava e, ao invés de me confortar, destruiu-me mais ao dizer que nós, reprodutoras, tínhamos dois papéis. Um: gerar filhos com carne limpa para que crescessem e habitassem a nova Terra e; dois: gerar filhos de carne limpa para que estes pudessem substituir as carnes contaminadas, pudessem, conforme descrito na Bíblia, virar o alimento das pessoas!

Eu estava na segunda categoria.

— É exatamente por isso que eles dão hormônios para uma parte dos bebês! — disse-me Mateus.

E já que as portas do sofrimento (ou seriam do inferno?) tinham sido abertas pelas suas revelações, ele continuou a narrativa, contrário a minha vontade de ouvir. Contou-me que, fora do Domo, as reprodutoras não eram como nós. Fora de onde estávamos, reinava o caos. A colônia do outro lado da cerca metálica era a babilônia. As mulheres eram incentivadas a terem relações sexuais a todo o tempo, com os homens que quisessem. Importava, apenas, que fossem produtivas, gerassem filhos e mais filhos. Que garantissem a carne da própria carne. Pouco importava se estivessem contaminadas as suas crias. Importava é que produzissem humanos. Importava é que esses humanos servissem de alimento para outros humanos. Aquela gente, afinal, precisava desfrutar da chance que tinham de sobreviver. Mentiram àquelas mulheres ao lhes dizer que as crianças cresceriam com cuidados especiais. Mentiram a elas que eram as salvadoras, que tinham e deviam povoar a terra outra vez. Mentiram assim como mentiram para todos nós dentro do Domo.

Enquanto Mateus me contava isso, eu quis tapar os ouvidos. Pudesse, eu me desintegraria. Mas eu fiquei ouvindo. De olhos baixos, molhados pelas lágrimas, eu não olhava para Mateus. Eu apenas fitava o meu bebê que, ora e outra, esticava sua mãozinha, colocava o dedinho em meu rosto e tentava entender o molhado em minha face.

— Eles falaram de uma área especial destinada aos bebês, lembra-se? — perguntou-me Mateus.

Ainda sem me virar para ele, fiz que sim.

— Eles tirarão o seu filho, Maria. Ele será enviado, junto com os outros bebês-hormônio, para esta área especial. Só que não há nada de especial. Lá é o criadouro. É o lugar onde os pequenos receberão ainda mais hormônios e crescerão em tempo recorde para que possam ser enviados ao abate.

— Não... não...

— Você precisa, nós precisamos sair do Domo — ele continuou. Vou pensar em um jeito. O mais rápido possível, voltaremos a nos encontrar e iremos, juntos, embora, eu te prometo!

Ainda que Mateus tenha dito que sairíamos juntos daquele lugar, eu só pensava no início da frase anterior: "Eles tirarão o seu filho, Maria." Essa possibilidade marretou a minha cabeça. E ficou batendo e batendo. Tudo o que eu consegui exprimir foi:

— Não... não... isso não. Ninguém vai consumir a carne do meu filho!

Escapou-me um urro.

Tremores me agarram o corpo todo.

E eu agarrei-me ao meu filho, que também chorou,

ou por susto, ou por entender o meu desespero, não sei.

Um minuto depois do meu berro, a monitora apareceu. Olhou-me com ar de advertência, mas também com estranheza por me encontrar naquele canto, encostada à cerca, sentada na terra ao apertar o meu filho nos braços.

— Mas que merda está acontecendo aqui?! — ela soltou. Em seguida, agarrou-me a fim de colocar-me de pé.

Aproveitei para ver se Mateus estava do outro lado. Não mais estava.

— O que está acontecendo aqui? — ela insistiu.

Tive vontade de lhe contar tudo o que eu acabara de descobrir. Quis cuspir-lhe no rosto o canibalismo industrial. Quis lhe arranhar a face, rebelar-me. No fim, apenas menti que o meu filho havia parado de respirar por uns instantes e eu achei que estivesse morto. De que outra maneira explicaria o meu estado, meu urro, meu desespero?

Ela esticou o braço para que eu lhe entregasse o meu menino. Apertei-o ainda mais em mim.

— Não... não... não tira ele de mim. Ele está bem agora!

Ela, felizmente, não insistiu para pegá-lo.

Voltei para o meu quarto com o filho nos braços. Não sei de onde tirei forças para um caminhar firme, mas tirei.

40

Entrei muda. Em completo silêncio, mirei as companheiras do quarto como quem pronuncia palavras irreconhecíveis com os olhos. Fitei aquelas que estavam, assim como eu, com os filhos nos braços e respirei fundo na tentativa de esboçar um pouco do meu horror, repugnância e medo. Nada me escapou, contudo.

Sophia e Hanna ninavam os seus bebês quando fixaram o olhar em mim e, percebendo imediatamente que algo havia acontecido, ficaram à espera de que eu lhes revelasse algo. Resoluta, permaneci em silêncio. Sentei-me na cama em silêncio. Coloquei meu filho no bercinho ao lado da cama em silêncio. Por dentro, contudo, eu gritava. Amaldiçoava o Domo, os animais humanos que administravam aquela “Terra Prometida”. Só não amaldiçoei Deus porque eu ainda tentava encontrar propósito em *Sua* vontade. Não o amaldiçoei porque, de todo modo, eu, a mãe, e praticamente todas as companheiras da minha ala estavam vivas. Deveria existir uma razão divina para a morte não ter nos alcançado. Ou eu estaria errada? Teria Deus desistido de nós e nos deixara à revelia? Seríamos náufragos a afundar em destino tão terrível?

Peguei a Bíblia que descansava em minha mesa de cabeceira. Não a abri. Hesitei. Tive medo de deparar-me outra vez com Deuteronômio. O versículo 28-53, de toda maneira, não saía de mim.

Sophia, enfim, quebrou o clima.

— O que aconteceu? Você não está bem, Maria.

Olhei para ela, para Hanna. Para os bebês. Tremi.

— Quer uma água com açúcar? — perguntou Hanna.

Balancei a cabeça em sinal de negação. Em seguida, as fiz colocar seus bebês nos berços e as arrastei comigo até o corredor. Virei a cabeça de um lado ao outro a fim de certificar-me que não seríamos ouvidas por mais ninguém e, por fim, comecei:

"Na angústia do assédio com que o teu inimigo te apertar, irás comer o fruto do teu ventre: a carne dos filhos e filhas que o Senhor teu Deus te houver dado".

As duas não entenderam. Ainda assim, eu repeti:

"Na angústia do assédio com que o teu inimigo te apertar, irás comer o fruto do teu ventre: a carne dos filhos e filhas que o Senhor teu Deus te houver dado".

E repeti:

"Na angústia do assédio com que o teu inimigo te apertar, irás comer o fruto do teu ventre: a carne dos filhos e filhas que o Senhor teu Deus te houver dado".

— Maria, Maria, para. O que está acontecendo? Por que está repetindo isso? – interveio Sophia.

— Nós precisamos fugir. Nós temos que deixar o Domo!

— Por quê? — Hanna, sem nada entender.

— Eles... eles vão tirar os nossos bebês! — revelei.

— Mas...

— Vão... tirar... os... nossos... bebês! — falei de novo, pausadamente.

— Bem, eles... eles disseram que havia uma área especial para os nossos filhos. Disseram que eles seriam bem cuidados. Não comentaram sobre tirá-los de nós. Por que fariam isso?

— A área especial para os bebês é um criadouro.

— O que você.... — Sophia arregalou os olhos. Hanna também. Era transparente o espanto delas.

— Sabem porque nossos bebês nasceram prematuros, e nasceram grandes e fortes? — Não esperei que tentassem resposta. — Hormônios. Deram hormônios para os nossos fetos. Modificaram as leis naturais para que eles se desenvolvessem rapidamente, crescessem logo. E o fizeram porque eles... eles... — engasguei. Comecei a chorar. Engoli o bolo na garganta e continuei: — eles, os nossos filhos, e os futuros filhos que nós, "reprodutoras especiais" geraríamos, nada mais são senão carne para a nossa carne.

Continuaram assustadas, fixando-se em mim sem entenderem. Eu sei o que estavam sentindo. Eu havia passado por aquilo.

— *"Na angústia do assédio com que o teu inimigo te apertar, irás comer o fruto do teu ventre: a carne dos filhos e filhas que o Senhor teu Deus te houver dado"* — reprisei a passagem bíblica. E, em seguida, fui impiedosa: — Nossos filhos virarão o hambúrguer que comemos.

— Não, não... você...

— Escutem, não há criação de gado algum. O que é abatido e produzido na indústria alimentícia é carne humana!

Sophia e Hanna deixaram escapar o horror em forma de grunhido.

— A carne humana que nos é servida, de alguma maneira, foi contaminada. Ou parte dela sempre esteve. Para evitarem que o vírus destrua a "promessa" dessa nossa Terra Prometida, a saída que encontraram foi produzir a carne pura desde os nossos ventres! Nós não podemos ficar aqui. Não podemos entregar nossos filhos. O Domo não é o paraíso. É o inferno!

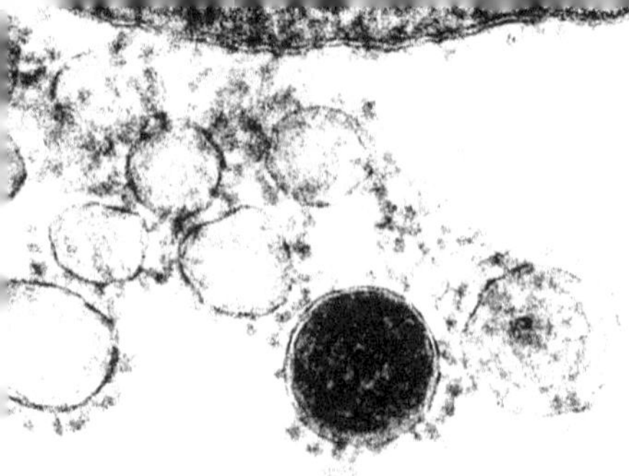

41

Contei-lhes tudo. Disse-lhes que Mateus estava pensando num jeito de nos tirar do Domo. Que aguardássemos, não fizéssemos nada. Ao menos por uma semana, quinze dias, não nos tirariam os bebês. Isso, certamente, só aconteceria quando fôssemos chamadas novamente para a sala de fecundação. Poderíamos esperar. Um pouquinho, pelo menos, poderíamos. Só que a espera sofreu aborto.

O tumulto nos pegou de surpresa. A vida, num átimo, virou em susto.

Eu tinha me desentrelaçado de um abraço gostoso da mãe. Acabado de afagar o meu filho no carrinho de bebê quando os gritos – tumulto em erupção – interromperam as revelações que eu fazia. Era o dia de encontros, o dia em que eu criei coragem e me dispus a contar para a mãe toda a minha angústia e o meu completo desespero. Era o dia que eu disse que ela estava certa: o Domo não era um paraíso. Eu já lhe havia contado sobre os corpos humanos, aos milhares, abatidos e transformados em carne moída, convertidos nos hambúrgueres que comíamos. A mãe, assim como eu, certamente viu em sua mente a fila das pessoas no corredor de abate, imaginou-as passando pela sala de purificação; imaginou-as sendo cortadas ao meio, tendo suas cabeças, mãos, pés e peles arrancados. Pelo horror em seus olhos, ela também conseguiu retratar na mente os corpos pendurados nas centenas de ganchos, e os ganchos deslizando, levando a carne para a desossa. A mãe já havia escutado toda essa monstruosidade quando a nossa conversa foi atingida pelo inesperado.

Emudecemos.

Nós estávamos dentro do Centro de encontros. Não tínhamos, ainda, saído para caminhar pelas alamedas. Eu, a mãe, Sophia, Hanna e todas as outras companheiras presentes nos alarmamos. Agitamo-nos de tal forma que permanecer onde estávamos foi impossível. Assim que a balbúrdia, vinda de algum lugar que ainda não sabíamos, nos surpreendeu, trocamos olhares e mudez à cata de entendimento. As monitoras, iguais a nós, também se alarmaram. E pediram para que não saíssemos do salão. Avisaram pelo sistema de som que não fôssemos, de modo algum, para as alamedas.

— Por favor, fiquem onde estão! Por favor, não saiam de seus lugares!

Mas nós saímos.

No princípio, ficamos feito baratas tontas esbarrando

umas nas outras. Quando o som do tumulto aumentou do lado de fora do salão, corremos. Desgovernadas, queríamos nos salvar, não sabíamos exatamente do quê, mas queríamos. Ao mesmo tempo, comandadas pela curiosidade, também precisávamos ver o que estava acontecendo. Uma e outra mãe com os filhos nos braços, eu e mais algumas empurrando os carrinhos de bebês em frenesi, trombando, esbarrando em pernas, pés e coisas, atingimos a parte de fora do Centro de encontros sem que fôssemos contidas. As monitoras tentaram nos impedir. Não tiveram sucesso. Além de sermos muitas – havia cerca de 150 de nós para 20 monitoras, se tanto – elas também carregavam o susto e o medo nas faces.

Aglomeradas na parte externa do Centro de encontros, nós vimos que do outro lado da cerca, na ala dos homens, havia uma correria. E muitos seguranças, inclusive os da nossa ala, que estavam lá tentando conter o tumulto. Mas, dado o que víamos, era evidente que não estavam conseguindo. E o fracasso da equipe de contenção era porque não estavam lidando com pessoas rebeladas. Estavam tentando conter os enlouquecidos pelo vírus. Acontecia, naquela ala, o ocorrido fora do Domo, o que acontecera na ala da mãe. E, pelo desmesurado tumulto, o problema do lado de lá não teria solução rápida; reverter o fracasso do controle da situação seria difícil, para não dizer impossível. A proporção de doentes que agredia, pulava sobre os outros e lhes arrancava com os dentes pedaços da carne, ia além de qualquer controle. Eram iguais cachorros acometidos pela doença da raiva.

— Meu Deus! — exclamou a mãe. E apertou-me o braço, dedos fortes feito ganchos.

— A senhora acha que eles...

Eu tinha a intensão de perguntar se aqueles doentes poderiam quebrar a cerca, ou mesmo pulá-la, e invadir a nossa ala. Não houve necessidade. O som da cerca sendo estilhaçada nos atingiu feito um disparo de metralhadora.

Atiraram objetos na carca, não pude ver o que, e ela se fragmentou! A cerca fora quebrada! A passagem entre as alas estava livre. Do mesmo modo que o Mar Vermelho fora aberto, dando passagem para os hebreus, a ausência da barreira envidraçada era a passagem para aquele mar de pessoas alucinadas vindo em nossa direção como um tsunami.

Gritei.

Gritamos.

Os bebês berraram.

A vida, numa golfada, expeliu nosso pavor. Esbugalhei os olhos. A mãe fez o mesmo. Ficamos nos olhando por cerca de três segundos – o que me pareceu uma eternidade – e, em seguida, agi por impulso. Tirei meu filho do carrinho, apertei-o em meus braços. Olhei em volta, no mesmo instante em que gritei o nome de Sophia e Hanna, e disse à mãe:

— Vamos! Vamos!

Sophia e Hanna, que estavam afastadas, felizmente me ouviram. Trombaram em alvoroçadas, mas chegaram até onde eu e a mãe estávamos. E chegaram prontas para a fuga. Chegaram em tempo de eu notar que, lá longe, também fugindo daqueles enlouquecidos, Mateus vinha em minha direção.

Aqueles enlouquecidos não demorariam a nos alcançar. Fiquei em suspensão. Grudei-me ao solo como se fosse raiz. Minha vontade de correr se emaranhou com a vontade de ficar. Meus olhos paralisaram-se na imagem de Mateus correndo, desvencilhando-se dos enlouquecidos, que disparavam em nossa direção, mas, ao mesmo tempo, atacavam-se mutuamente. Pandemônio. Tudo era pandemônio. E tudo acontecia tão rapidamente que a vida se aglutinou nos segundos. Mas eu, ali, estática, estarrecida, sentia-me presa à uma cena congelada de filme. Ouvi Hanna gritar para que fôssemos. Ouvi minha mãe balbuciar algumas onomatopeias e quando olhei as duas, tive a impressão de que o movimento dos lábios delas e o som que emitiam aconteciam quadro a quadro, em supercâmera lenta. Intercalei o olhar, ora focando nelas, ora em Mateus, ora no meu bebê, ora na ameaça que não demoraria a nos alcançar. A mãe segurou em meu braço como que a me resgatar, trazer-me de volta à realidade.

— Filha, vamos! Eles... — ela apontou para os ensandecidos.

— Calma! — eu disse. — É o Mateus — apontei para ele, que já estava próximo de nos alcançar.

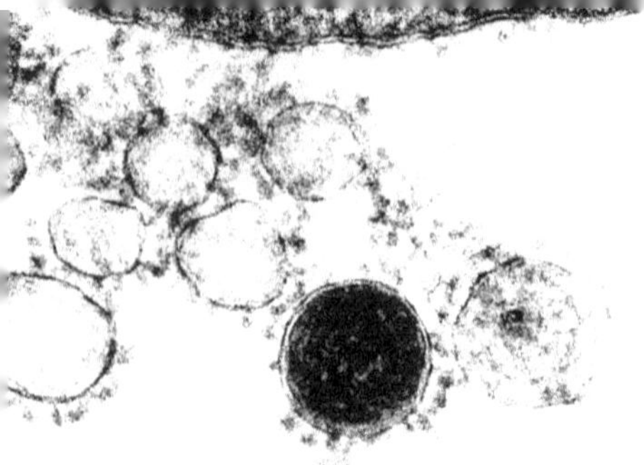

42

Mateus gritou para que fôssemos. Sequer olhou para trás. Praticamente me empurrou, forçando-me a sair do lugar.

— Para onde? — perguntei.

— Para a saída. Rápido!

— Não vamos passar. Os portões...

— Passaremos. Monitores têm acesso. Vamos, vamos!

Começamos a correr, enfim. O problema foi que não conseguíamos ir rápido o suficiente. Eu, Hanna e Sophia tínhamos certa dificuldade por estarmos com os filhos nos braços. Dificuldade maior, porém, tinha a mãe, que se esforçava, corria, mas não atingia o mesmo ritmo que nós. E eu gritava:

— Corre, mãe. Corre!

O medo que jorrava do olhar da mãe, era o medo de não conseguir – pernas bambas e fracas. Era o mesmo medo que tínhamos daqueles loucos que avançavam.

— A senhora consegue, mãe!

Eu a puxei. Com um braço sustentei o bebê, com o outro puxei-a. E nós avançamos. E avançamos. E eu engoli ar. Inalei, junto, a sensação de que nos salvaríamos. Mas, então, ficamos emboladas nos corpos, nas pernas das outras companheiras que, assim como nós, buscavam salvação. Trombamos. Nos desequilibramos. E Hanna caiu. Ela e a sua criança. Mateus, com dificuldade, conseguiu levantá-las antes que fossem pisoteadas. Na sequência dos atos, olhou para trás e viu que aquela gente enlouquecida estava perto. Perto demais!

— Corram! Corram! — gritou.

E nós corremos. E corremos. Corremos atabalhoadas, do jeito que conseguíamos. Ainda aos trancos, ainda sem a velocidade necessária. Mesmo assim, chegamos ao portão de saída do Domo. Chegamos. Por um átimo de segundo, imaginei que o melhor fosse não termos chegado, pois começamos a ser prensadas pelas outras pessoas.

— Mateus! — eu gritei. E prendi meu olhar apavorado nele.

Dado o emaranhado de pessoas, Mateus tinha dificuldade para abrir o portão. Precisava liberar uma trava que ficava na extremidade de onde estávamos e chegar até lá não seria fácil. Ele certamente não o faria sem ter que empurrar e, se fosse preciso, pisar em vários desesperados a nos sufocar e a sufocarem a si mesmos, dado o tamanho da aglomeração e desespero para saírem.

— Eu vou até lá — ele apontou para a extremidade. — Assim que eu abrir o portão, corram. Se ficarem paradas, serão pisoteadas. Corram. Corram. Eu alcançarei vocês depois.

— Mas... para onde vamos?

— Assim que saírem da colônia, sigam para o sul. Se a comunidade vegana de fato existir, fica nalgum lugar do Sul.

Balancei a cabeça, em concordância. E não tive condições de fazer mais nada, a não ser tentar nos proteger (eu, a mãe, e meu filho) de sermos esmagados!

Mateus, finalmente, conseguiu abrir o portão. Quando o fez, eu, a mãe, Sophia, Hanna e nossos bebês estávamos prestes a perder os sentidos. Respiramos fundo. A mãe, apertando a Bíblia nas mãos, ao levar o ar para os pulmões, expeliu pedido de ajuda ao Senhor, falando baixinho.

Conseguimos correr, felizmente. Ou fomos arrastadas pela massa de gente, não sei bem. Sei que, em dado momento, não vi mais a Hanna. Vi pernas e pés pisando em corpos. Vi as carnes sendo feridas, esmagadas. Vi também a Sophia cair. A vi proteger sua filha. E, tomada pelo terror, a vi sendo pisoteada uma, várias vezes. O desespero e a dor que escapavam dos olhos dela invadiram os meus. Ela gritou. Eu gritei. Havia uma orquestra macabra de gritos. Com o olhar fixo nela, que estava prestes a perder os sentidos, que não tinha forças para reação possível, que, inclusive, ficara em silêncio, pude entender naquele seu silêncio, naquela sua incapacidade de se levantar, que ela me implorava, pedia-me, em sua mudez e dor, que eu impedisse que sua filha também fosse pisoteada.

— Não... não... por favor... — resmunguei, vazando em lágrimas.

Eu quis dizer a ela que não se entregasse, que se levantasse. Sophia, olhar parado em mim, não reagia. E mais gente a pisoteou. E pés passaram a centímetros da criança ao lado de Sophia. No meio do alvoroço, um alguém chegou a pisar na perninha da bebê. E eu, por pouco, não fui derrubada também. Agindo com o coração, e movida pelo impulso da adrenalina, entreguei o meu filho para a mãe, que o segurou sem largar a Bíblia, e tirei a filha de Sophia do chão. Assim que segurei a bebê, Sophia deu seu último suspiro. A vida lhe escapou do corpo. E palavras doloridas escaparam da minha boca:

— Vou cuidar da sua menina! Prometo.

Cumprir qualquer promessa estava longe de ser possível, eu sabia. Nós, afinal, estávamos lutando para fugir da morte. Ainda assim, prometi. Apertei forte a filha de Sophia em meus braços, e, em seguida, fitei a mãe e o meu filho, ambos em silêncio, praticamente petrificados à espera da salvação.

A balbúrdia em nossa volta e atrás de nós se agigantava. Pouco depois do portão de saída do Domo, vi os doentes enlouquecidos pularem sobre as mulheres, sobre os homens que, assim como Mateus, haviam escapado da ala masculina. Vi os seguranças atirarem. Baterem com cassetetes. E vi, felizmente, Mateus. Perto de nós. Esperei que chegasse, livrando-me de ser derrubada por aqueles que corriam.

— Ainda temos que passar pela cerca! — ele gritou. E apontou.

A cerca metálica que haviam construindo para proteger o Domo da área externa estava a poucos metros de nós.

— Como passaremos pela cerca? — gritei de volta.

Mateus não respondeu. E não o fez porque, certamente, não sabia como abrir uma passagem pela cerca.

Não existia passagem.

Descobrimos isso do pior jeito: sendo, outra vez, pressionados pelo iminente esmagamento. As pessoas vinham chegando. Aglomeravam-se. Chegavam. Aglomeravam-se. E nós – corpos presos – esperávamos pelo pior, que não demorou a acontecer.

Eles nos alcançaram. Aqueles enlouquecidos nos alcançaram. Saltaram sobre nós e cravaram os dentes em nossa carne.

Pude ver quando Mateus foi praticamente engolido por eles. Eu o vi lutando – socos e pontapés à busca de sobreviver. Eu o observei tentando se livrar. Vi. Mas, naquele instante, desejei ser cega.

— Nãaaaooooo! Mateus! — gritei.

Ele me ouviu. Virou a cabeça em minha direção. Mas quem de verdade deveria ter ouvido o meu desespero, não ouviu, pois nada fez. Deus, naquela hora, como em tantas outras, parecia nem existir.

Mateus, com expressão incrédula e ao mesmo tempo calma, pareceu despedir-se de mim.

A mãe, ao meu lado, gritou e rezou numa mistura estranha de expressões.

De repente, o bolo de gente que havia se formado, cresceu. E cresceu. Uns e outros começaram a escalar, fazer de costas e ombros, escadas. Foi assim que conseguiram pular a cerca. Se para atravessar a muralha metálica era preciso escalar as pessoas, não podíamos perder tempo. Demorei um pouco para livrar-me do estarrecimento, mas, enfim, agarrei a mãe. Tirei dela o meu filho, a fim de facilitar-lhe a subida, agarrei-me ao meu pequeno Samuel e à filha de Sophia e comecei a trepar nas pessoas, não sem dificuldade extrema. Não sei se conseguiria chegar do outro lado. Como seria possível? Os bebês eram pesados. E segurá-los me impedia de apoiar na escalada. Por instantes, consegui segurar as duas crianças com um só braço, usando o outro para me alavancar. Escalei duas pessoas, não mais. E havia muitas. Eu não conseguiria, certamente que não. Então, uma mão me puxou. E puxou. E puxou.

Era Hanna.

Esfacelada – pele e carnes mutiladas – mas viva. E com força suficiente – tirada não sei de onde – para me ajudar.

E foi assim que consegui. Eu, e os dois bebês.

A Hanna, logo que atravessamos a muralha, não resistiu. Ainda houve tempo de sorrirmos uma para a outra. Houve tempo de eu entender que o filho dela não estava mais entre nós.

Não entendi como é que ela teve forças para me puxar e, logo depois, não foi capaz de segurar a vida. Cheguei a pensar, e admitir, que aquele gesto, aquela sua mão estendida, era a mão de Deus. Mas se Deus agiu por meio da Hanna, se Deus estava presente – coisa que eu duvidei – por que não salvou Mateus? Por que não salvou a mãe?

Não vi Mateus pular a cerca. Esperei um pouco, mas não o vi. Ele não havia conseguido. A mãe, igualmente, não conseguiu. A mãe ficou. E eu, chorando muito, tive a certeza de que jamais a veria de novo.

43

A colônia, do lado de fora do Domo, não era mais colônia. Vidas em comunidade não mais existiam. O retrato do abandono e do massacre era a pintura que eu observava – olhar atônito, esbugalhado.

O caos reinava.

A fedentina, grudada em cada canto, espalhava-se por tudo. Os corpos, centenas, decompunham-se. Uns, mesmo que em putrefação, ainda revelavam na pele as marcas do vírus: arranhões no desespero de exterminar as comichões; e feridas que haviam eclodido feito um vulcão. Outros, tinham pedaços dilacerados. Ora porque a carne havia sido mastigada, ora porque membros haviam sido arrancados. Era uma desossa programada. Eu não imaginava que os loucos pudessem chegar a tanto. Ou não seriam tão animalescos assim? Será que a colônia, depois de infectada, fora abandonada à própria sorte e, desta maneira, sem mais cuidados, sem mais oferecer o hambúrguer humano, um sobrevivente atacou o outro para matar a fome? Sinceramente, eu não via outra explicação. E o que havia acontecido do lado de fora da colônia, aconteceria no Domo. Mais dia, menos dia, aquela falsa Terra Prometida sucumbiria. O tal paraíso se confirmaria sendo mesmo o inferno. *"Na angústia do assédio com que o teu inimigo te apertar, irás comer o fruto do teu ventre: a carne dos filhos e filhas que o Senhor teu Deus te houver dado"*.

Apesar de toda a perda e dor, a despeito da minha alma estar despedaçada, agradeci por ter conseguido sair do Domo. Eu tinha me livrado das ameaças de ser atacada, pisoteada ou devorada. Fui uma das poucas. Não sei quantos de nós conseguiram. Tampouco eu saberia se sobreviveriam por muito tempo. O que eu sabia é que estava sozinha em algum lugar; um quarto, provavelmente. Tinha me escondido ali para ganhar forças, recuperar-me, ao menos um pouco, e arrumar um modo de carregar os dois bebês comigo que não fosse em meus braços. Meu filho e a filha de Sophia, pesados que eram, me impediriam de ir longe. Eu não conseguiria andar mais de um quilômetro. E, como eu seguiria para o Sul, o caminho seria longo. Muito longo. Seriam dias vagando por estradas. Única maneira, então, seria amarrá-los em meu corpo. Eu precisava fazer um *sling* canguru – espécie de trouxa de pano para carregar o bebê. Eu colocaria um nas costas, outro na frente. Assim que me vi em segurança, vasculhei mais quartos até que encontrei um lençol forte, capaz de suportar as crianças. Fiz o *sling* da melhor maneira que pude, ajeitei os bebês e esperei. Ouvidos atentos, só saí quando o som da balbúrdia ecoou para longe. Quando a sinfonia do desespero e da morte não pôde ser mais ouvida por mim, eu, enfim, desentoquei-me. Cautelosa, vi que não havia ninguém por perto e, finalmente, deixei a colônia à espera de sobreviver.

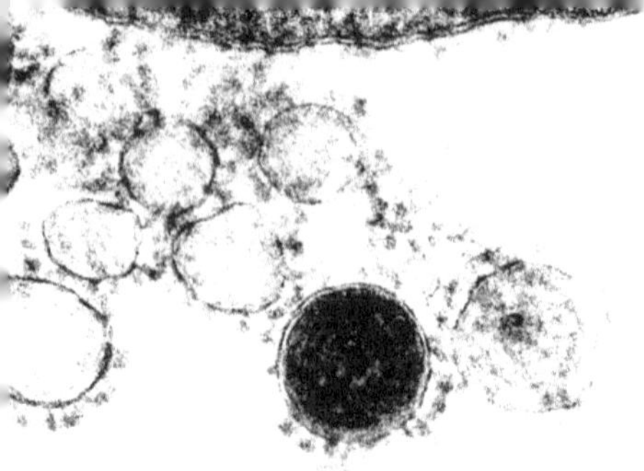

44

No avançar dos passos, arrastei o medo, a respiração entrecortada. O meu caminhar, distância a distância, esticou-se; e a despeito do percurso parecer dilatado, deixando o horizonte e as montanhas que eu via pequenininhas, a leveza própria das dilatações endurecia-me a passada, de modo que avançar ficava cada vez mais difícil. Parecia que eu carregava chumbo nas costas. Enrolados em mim, os bebês pesavam, e pesavam. Mas a tristeza me pesava mais.

Eu estava livre do Domo, enfim. A colônia e o terror que a envolvia estavam a duas horas de mim. Eu, felizmente, não veria mais aquela industrialização de humanos. Não seria mais somente carne em uma baia, pronta para reproduzir. Aquelas aberrações a povoar a falsa Terra Prometida eu não mais veria. Por outro lado, não veria mais a mãe, o Mateus, Sophia e Hanna. Todos haviam se juntado à coleção de mortos. O pai, meus irmãos, a mãe, o homem que amei, minhas amigas. Todos, pó. "*Porquanto és pó, e em pó te tornarás*", diz a Bíblia. Restaram-me Samuel, meu filho; e a pequena

Lilith, filha de Sophia, que eu, até onde conseguisse, cuidaria como se minha fosse. Afora esses inocentes presos a mim, acomodados no tecido da trouxa, não havia mais ninguém. Minto. Na primeira hora da minha caminhada, vi muita gente. Morta. Andei estarrecida por sobre uma miríade de carnes em decomposição. Caminhei sobre ossos. Eram pessoas que haviam deixado a colônia há bastante tempo, concluí. A debandada, provavelmente, ocorrera desde o primeiro ataque dos enlouquecidos pelo vírus, desde que a cerca metálica fora construída para proteger o Domo. Não houve, descobrimos todos, proteção alguma. Talvez, vingança seja palavra melhor. Proteção, definitivamente, não. Deus vingava-se dos homens, castigava-os por todas as atrocidades. Só podia ser. Era o que eu achava. Ainda que explicação menos cruel existisse, eu não a vislumbrava. Assim, ao atravessar o mar de mortos, chorei. E chorei. E chorei. Evitei soluços fortes e descontrolados, é verdade. Eu não queria assustar os bebês. As lágrimas, todavia, escaparam de mim feito um rio. Uma hora depois, algo assim, eu estava seca. E tudo o que fiz, foi seguir em silêncio na direção do Sul. Eu sabia que não seria fácil, para não dizer impossível, encontrar a comunidade vegana. Até para caminhar distância que me exigisse um dia, eu duvidava que conseguiria. E o Sul estava a vários e vários dias de onde eu me encontrava, lugar descampado, distante de qualquer civilização, caso houvesse uma. O mundo estava vazio. Não encontrei pelo caminho nenhum grupo de ensandecidos. Poderia, sim, acontecer de aparecer, eu sabia. Até aquele momento, contudo, eu não havia me deparado com ameaças. A ameaça à minha volta, bem mais terrível do que fora em qualquer outra ocasião, era o vírus. O rastro de sua desgraça estava em tudo. Nos mortos que vi, nos animais que se foram. Nenhum ser vivo, no céu e na terra, existia em meu caminho. Até onde a minha vista pudesse alcançar, eu e os bebês éramos os únicos a respirar. Estaríamos, de fato, sozinhos? Seríamos, dali a alguns dias, os únicos sobreviventes da Terra? Eu esperava que não. Ansiava, mais do que tudo, conseguir chegar na comunidade dos veganos. Desejava encontrar pessoas saudáveis e boas. Todas essas vontades, porém, se dissipavam, iam embora feito poeira em dias de vento assim que eu me dava conta da minha cruel condição. No meu novo destino, estampavam-se dias e dias a serem percorridos, a pé, pois ainda que eu encontrasse algum carro abandonado, eu não sabia dirigir. Minhas pernas e meu corpo suportariam o martírio da peregrinação? Repito: eu não me achava em condições de andar sequer um dia, quanto mais vários. E outro agravante me perturbava: para tal jornada, eu precisaria de duas coisas fundamentais, água e comida.

Não havia nem uma coisa, nem outra.

45

Avistei um pequeno vilarejo. A dois quilômetros, mais ou menos, uma e outra casa. Assim que cheguei mais perto, minha vista alcançou novas edificações. Ruas. Comércio. Eu estava em uma cidadezinha interiorana, a primeira que encontrei em direção ao Sul.

Poderia ser uma esperança. Um alento para o meu corpo tão cansado. Não era, percebi de imediato. O que meus olhos viram, apagaram-me por dentro. Na cidade, ninguém com vida. Em uma e outra esquina, gente sobre gente decompondo-se, alimentando vermes. Num e noutro beco, ossos e carniça retratavam o Apocalipse. Cenário pior do que no começo da pandemia, no início do fim dos tempos. "Por que o fim da humanidade estava sendo daquela maneira?", perguntei-me. Lembrei-me da passagem bíblica: *"...e haverá fome, peste e grandes desgraças em diversos lugares. Tudo isto será apenas o início das dores."*[12] A passagem na qual Deus, em represália às más atitudes dos homens, fez chover fogo e enxofre sobre Sodoma também me veio à mente. E vieram-me as pragas do Egito. O Senhor enviou dez pragas para mostrar ao Faraó o quanto era soberano. As águas e os rios foram transformados em sangue. Os peixes morreram. Depois, rãs sugiram aos milhares. Na terceira e quarta pragas, o Egito foi invadido por mosquitos e moscas. A quinta praga matou animais. Na sexta praga, Moisés e Arão, por ordem de Deus, encheram as mãos de cinzas e as atiraram para o céu. As cinzas se modificaram, viraram úlceras nas pessoas e nos animais. Depois, em nova praga, chuva de pedra destruiu toda a plantação. A oitava praga trouxe nuvens de gafanhotos. As trevas vieram em seguida. E a décima praga dizimou os primogênitos. Todos os primogênitos, das pessoas aos animais, foram mortos! Somente depois dessa última praga, o Faraó permitiu que o povo saísse, fosse conduzido por Moisés até Canaã. Ao que me parecia, a história se repetia. Houve a Peste bubônica, que a mãe me relatou. Houve a Gripe espanhola. E houve outras pragas, o Coronavírus entre elas. A praga que vivíamos, todavia, era pior. Essa praga que castigou e estava castigando a Terra e os homens me fazia considerar a crueldade de Deus. Enquanto eu fitava a desgraça à minha volta, ali naquele vilarejo, cheguei mesmo a pensar que o Senhor não era piedoso. Parecia-me, de repente parecia-me, que aos olhos d'Ele, nenhum vivente merecia misericórdia. Ou eu estaria errada? Talvez estivesse. Talvez o plano de Deus fosse mesmo manter na Terra apenas as pessoas limpas. Eu sabia que havia em mim o gene que ativava a imunidade. Mas até quando eu seria imune? Se o vírus infectara pessoas limpas no Domo, o que me restava?

Respostas me faltavam. Não por outra razão, coloquei de lado tantos questionamentos e me concentrei no que precisava fazer. E eu precisava, urgentemente, encontrar água e comida não infectadas. Sim, eu sabia que seria impossível, é claro que sabia. Ocorreu-me, contudo, que em alguma casa alguém poderia ter feito estoque de comida boa, alimentos guardados antes ainda de o vírus aparecer. E por que não? Seria tão improvável assim alguém ter estocado comida por tanto tempo?

Ao vasculhar algumas casas, descobri logo o poder do improvável. Não havia mesmo estoque algum. Além disso, se houvesse alimentação não infectada para consumir, a cidade não se revelaria como um *Triunfo da morte*, pintura da época da Peste Negra. Eu, afinal, estava num cemitério a céu aberto.

Eu poderia me arriscar. Poderia fazer como no passado, época em que eu e a mãe, antes de irmos para a colônia, comíamos sem mastigar certezas. Sabíamos que podíamos nos tornar vítimas do alimento. Mesmo que fôssemos imunes, não havia a segurança de que a nossa situação seria sempre daquela maneira. Mas, se naquele passado apenas a minha vida e a da mãe estavam em risco, ali, naquela cidade fantasma, eu tinha outra preocupação: os bebês. E a última coisa que eu considerava, era que Deus fosse tirá-los de mim, como havia feito com os primogênitos no Egito.

Meus bebês estavam se alimentando do meu leite. Um leite limpo. Ainda limpo. E, para que eles sobrevivessem, assim o leite teria que continuar. Eu não podia, portanto, me infectar.

Depois de entrar e sair das casas, já quase noite, decidi procurar um supermercado. A probabilidade de produtos vencidos, oriundos da época pré-pandemia, era maior. Ao menos, a minha esperança residia nisso. Se alimentos e bebidas vencidas, produzidas antes de o vírus infectar a Terra existissem, certamente me fariam menos mal do que se eu comesse algo contaminado.

Não havia supermercado. Encontrei um estabelecimento pequeno. Todo revirado. Nas prateleiras, o abandono exposto à venda. Para não dizer que ali nada encontrei, deparei-me com três latas de milho e um pacote de bolachas, todos vencidos há muito tempo. A data de fabricação, de fato, ocorrera antes de a pandemia espalhar as ramificações da ruína. Com esforço sobre-humano, eu aguentaria três dias me alimentando daquilo. E depois? Tive medo, mas não antecipei ainda mais desgraças.

Como já anoitecia, agarrei-me aos produtos e decidi passar a noite em uma das casas abandonadas. Que a caminhada para o Sul ficasse para o nascer do Sol. Eu estaria mais descansada, mais atenta a possíveis ameaças com a luz solar me clareando os passos.

Entoquei-me em uma residência onde não havia gente morta, onde a carniça, caso eu mantivesse as janelas bem fechadas, permaneceria apenas do lado de fora.

Restava-me alguma força. Força o suficiente para não comer e deixar para fazê-lo ao amanhecer. Aos bebês, porém, o meu leite. Dei de mamar a eles e, ato contínuo, coloquei-os na cama junto a mim e ficamos quietos.

Nós e o silêncio de uma Terra sem mais ninguém.

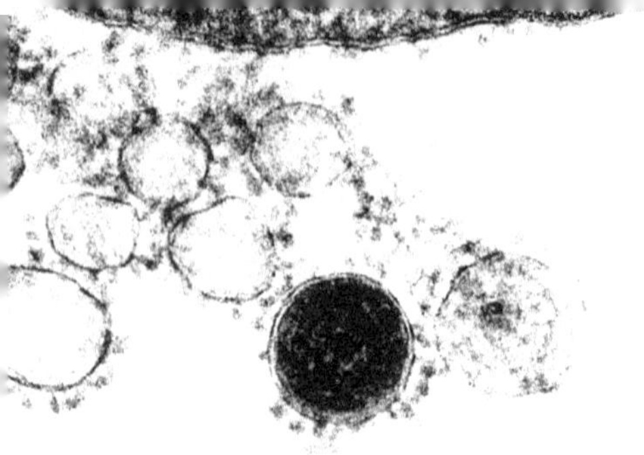

46

Um estrondo. E vozes. E coisas sendo arrastadas. E vidros se quebrando.

Gelei. Meu coração descompassou, ficou tão acelerado que, caso eu prestasse atenção nas batidas, as veria inflar a minha carne. O dia ainda demoraria um pouco para despertar quando pulei da cama e, assustada, fiquei feito estátua no meio do quarto, com os olhos petrificados nos bebês, escutando o perigo do lado de fora. Demorei para me mexer. Quando o fiz, fui devagar até a janela e, na fresta entre o medo e a coragem, apurei a vista e tentei distinguir o que acontecia.

Então eu os vi.

Um grupo de quatro ou cinco infectados a arrastar corpos sem vida e invadir casas. Meus Deus, eles estavam perto, eles entrariam na casa onde eu estava, claro que entrariam. O que eu poderia fazer?

Afastei os meus questionamentos sobre vingança e descaso de Deus, esqueci minha indignação e, numa ação impulsiva, cheia de medo, fiz exatamente o que as pessoas fazem quando se sentem ameaçadas, a um passo da morte: comecei a rezar:

"Pai Nosso, que estais nos Céus

Santificado seja o Vosso Nome

Venha a Nós o Vosso Reino

Seja feita a Vossa Vontade

Assim na Terra como no Céu!"

Ou será que eu deveria dizer: *Assim na Terra como debaixo dela*?

O tremor me dominou de tal maneira que, por instantes, precisei apoiar-me na parede a fim de me sustentar de pé. Em seguida, tive um estalo, atravessei o pânico e agarrei-me aos bebês. Ajeitei-os na trouxa em meu corpo e me preparei para a fuga. Peguei o pouco mantimento que havia conseguido e fui para a porta dos fundos da casa. À espera, apurei os sentidos, a visão, os ouvidos, tudo. Tudo em mim transformou-se em adrenalina pronta para eclodir.

E houve silêncio.

E houve amedrontamento.

E houve silêncio sobre silêncio.

Por um mísero tempo – que me pareceu eterno – escutei apenas a minha própria respiração. Sequer os resmungos baixinhos dos bebês eu ouvi. Eles, felizmente, estavam quietos, aconchegados em meu corpo – o lugar mais seguro do mundo para eles.

Então, o barulho da fechadura da sala se mexendo me fez antecipar fuga. Saí pelos fundos, sequer esperei que entrassem na casa. Primeiro, dei passadas vagarosas, bem vagarosas. Vasculhei à minha volta. Certifiquei-me de que o grupo estava apenas na parte da frente da casa e fiz o que me restava: corri para longe. Corri em direção que não pudesse ser vista. Embrenhei-me entre carros, esquinas. Misturei-me às sombras da noite.

Eu e os bebês nos tornamos sombra. Por cerca de quinze minutos em fuga, não fomos vistos. Eu estava confiante de que as ameaças haviam ficado na casa. Até que outra sombra, trôpega, cambaleante, veio em minha direção. Petrifiquei. Impedida pelo medo de voltar para trás e de seguir em frente, hiperventilei. E meu coração bateu na minha garganta, escapou-me do peito e quase saiu pela boca.

Aquela figura...

Meus Deus! Seria possível?

Aquela figura era Mateus!

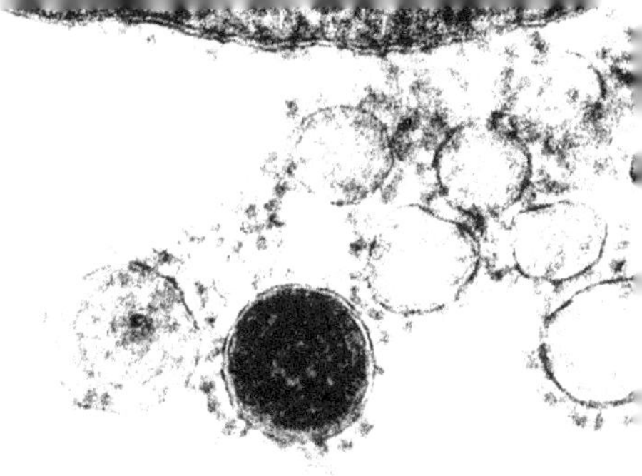

47

A sombra humana invadiu um ponto de luz. Junto a um poste, apoiou-se. Eu a vi com clareza. Meu interior, em redemoinho – furacão de sentimentos – gelou-me o estômago, a espinha. Arrepiei e deixei que um grunhido se libertasse de mim. Levei a mão à boca. Evitando gritar alto, abafei o susto. Tapar os lábios, contudo, não segurou o meu sobressalto. A inquietação, ainda que abafada, escapou-me por entre os dedos. Mas aquele olhar dolorido, aquela expressão de quem sabe que a vida não duraria muito, me fez ficar parada, estarrecida.

O que havia acontecido com rosto dele? Não, aquele não poderia ser Mateus. Faltava-lhe parte da bochecha. Um pedaço da boca também fora arrancado. E o vermelho do sangue transformou-se na nova cor da pele.

— Mateus? — deixei escapar, baixinho.

Ele sustentou o olhar em mim. E sustentou. E sustentou. Só então percebi: aqueles olhos, aqueles olhos tão estranhos, tão... frágeis?, não eram os dele! Eram do Messias!

O gelo percorreu-me outra vez. O perigo escalou-me os poros que, arrepiados, deu o sinal de alerta. Eu, instantaneamente, olhando de um lado ao outro, posicionei-me para a fuga.

— Espere! Não vou machucar você!

— Eu... o que... não... você... — tentei articular pensamentos. A frase saiu picada, sem sentido.

— Não vou te machucar — insistiu ele. — Vi que está com as crianças...

— E eu vi que tem muito sangue em seu rosto. E... e... parte da sua face...

— Foram os impuros, os infectados. Mas estou bem, por enquanto, estou. Você precisa... *nós precisamos* sair daqui — Messias enfatizou. — Posso ajudá-la, se quiser.

Me ajudar? Como eu poderia confiar nele? Entre confiar e cuspir-lhe na face a minha indignação, minha repulsa pelo que ele nos havia dito, pela forma como havia conduzido o Domo, fiquei em corda bamba. Como confiar em alguém que produzia humanos e os transformava em hambúrgueres? Ademais, se eu confiasse, como ele me ajudaria se mal conseguia andar? O medo e a sensação de perigo pulsaram em mim de um jeito ainda mais forte. E se ele se tornasse um daqueles ensandecidos? E se me atacasse?

— Olha, eu também tive filhos. Um dia, antes de o Domo existir, tive. Não os tenho mais.

— O que... o quê aconteceu com o Domo?

— Sinceramente? Nós perdemos o controle. O vírus, não sabemos como, entrou e espalhou-se rapidamente. Não houve, nem há qualquer possibilidade de o Domo ser o que sonhávamos. A última lucidez daquele lugar, está aqui, na sua frente!

Ficamos em silêncio, olhos nos olhos.

— Lucidez? – deixei escapar, enfim. Minha indagação e indignação estremeceram o breve silêncio.

E a lucidez esticou a face para mim.

É, ele me parecia bem lúcido. Não havia loucura em sua fala, tampouco em seus gestos e olhar. Na minha frente, eu não via aquele homem de antes.

— Como... como pode me ajudar desse jeito — apontei para ele. — Como, se não consegue nem andar direito?

— Não posso andar, mas posso dirigir!

Silenciei-me outra vez. E cheguei perto, o mais perto que pude, e fiz o inesperado: soquei o lado do seu rosto que não estava machucado. Descarreguei, ao mesmo tempo, medo e raiva.

Ele absorveu o golpe sem revidar. E não tentou me impedir de esmurrá-lo ainda mais. Apenas sorriu.

Já estática, sentindo que o sorriso do Messias me invadia, eu baixei a guarda, abrandei um pouco o medo, acalmei as desconfianças e, enfim, estiquei a mão para ele.

Não devia ter feito isso? Pode ser que não, por tudo o que eu havia passado, por tudo o que ele fizera ao criar o Domo. Mas, naquela hora, fiz. Imitei Jesus e ofereci a outra face.

48

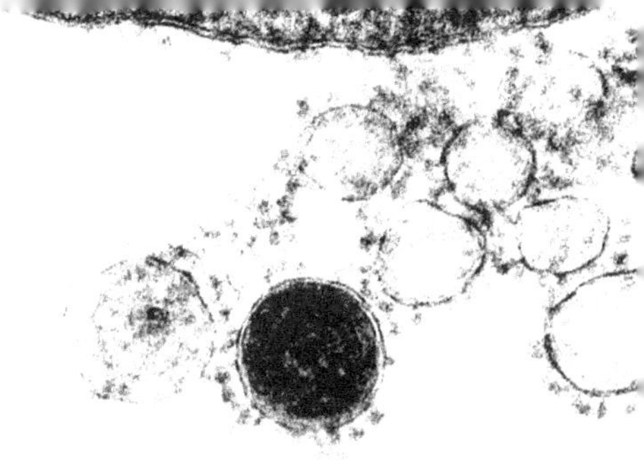

Era bom quando havia na vida, beleza. Era bom quando a leveza fazia a gente abrir os braços, levantar a cabeça, aprumar o peito e imitar o voo dos pássaros. Era bom quando eu via as crianças da rua se divertirem.

Era bom.

O bairro interiorano em que eu morava quando criança, bem antes do vírus, parecia outro mundo. E, agora, que mundo é esse em que não há mais vida? Que lugar é esse que, por mais que eu estique a vista e traga o horizonte para dentro dos meus olhos, não vejo animais, não escuto os pássaros? Que Terra é essa que, apesar de árvores e plantas, delas nada se pode comer? Eva, ao provar o fruto do conhecimento, mastigou desobediência e, por causa do seu ato, foi expulsa do paraíso junto com o seu homem. Nós, todos nós, embora sejamos filhos da mesma Terra, embora tenhamos a mulher de Adão em nossa ancestralidade, o que fizemos para sermos expulsos de nossos dias? O homem destrói, maltrata, mata. Está na história, nas manchetes, na vida. Estava. Os que assim agem – ou agiam –, todavia, era um número pequeno se comparado à maioria, pois o ser humano é bom. Era. Ao menos, antes de o vírus nos dizimar, eu achava que sim. Hoje, depois de tudo, concluo que nossos pecados foram tantos, e tão intensos, infinitamente piores do que roubar o pedaço de uma maçã, que Deus não teve outra escolha senão passar uma borracha em tudo. Para se construir um paraíso outra vez, foi necessário acabar com o inferno! Acredito, imersa nesse meu agora, que foi exatamente isso que Deus pensou. Não tenho outra explicação, não mais. Já fiz muitas conjecturas, remoí uma série de possibilidades em minha cabeça. Depois de tudo o que passamos; depois do passado que me corroeu feito ácido; depois de ir para a colônia, acreditar que o Domo fosse a nova Terra prometida, aqui, no estado em que me encontro, não existe mais crença alguma com poder suficiente de me confortar. Não há nada mais que me dê forças. Aliás, estou muito fraca. Há quatro dias, depois que aceitei a ajuda do Messias, que venho definhando. Naquela noite, ao fugirmos da cidadezinha, continuamos a seguir em direção ao Sul. Logo nos primeiros minutos de fuga, ele me disse que não deveríamos acreditar na existência de uma comunidade vegana. Isso, ele reforçou, era uma bobagem sem tamanho. Na hora, eu rebati, contei-lhe que fora Mateus quem havia me dito sobre a comunidade. Enfatizei que Mateus sabia das coisas. Sabia das coisas que ele, provavelmente, não sabia.

— Ele podia até saber das coisas. Mas ninguém sabe mais do que Deus. E, vamos ser sinceros, vamos ser sinceros... Por que diabos Deus deixaria somente uma comunidadezinha, em todo o mundo, com a Terra limpa? Mas... já que não temos mesmo para onde ir, já que o Domo perdeu o trono da Terra Prometida, por mim, tudo bem. Vamos para o Sul.

Ele havia me dito isso com muita dificuldade. Doía-lhe falar. Movimentar demais os lábios, inclusive, fazia com que novos pontos de sangue lhe brotassem da pele. Esta foi uma das razões para quase não conversarmos. Ainda assim, fiz questão de saber:

— E as outras pessoas limpas do Domo? — perguntei.

Baixei os olhos, em seguida. Silenciei-me. Ele também.

O silêncio dele perturbou-me. Com esforço, ele demorou, mas disse:

— A maioria, eu acho, foi ou será infectada. Assim como eu, não irão muito longe. A infecção no cérebro deles os matará em poucos dias. Ainda não apresentei os sintomas, não fui tomado pela infecção no cérebro, mas não significa que me livrarei. Morrerei breve. Todos morrerão. Todos! — Ele enfatizou. Em seguida, se calou. E se manteve calado e firme durante todo o dia.

Quando paramos num posto de gasolina abandonado para dormirmos, Messias lavou o rosto, limpando-se do sangue que estava em sua pele feito tatuagem, e encostou-se na parede, pernas esticadas no chão frio da loja de conveniência. Nessa hora, pude ver atentamente o feio ferimento. Não sei como ele vinha suportando a dor. Vez e outra, deixava escapar um gemido. E fechava os olhos. E gemia outra vez. Quieta, desviei minha atenção dele e dei de mamar para as crianças. Eu mesma bebi um pouco do meu leite. Em seguida, peguei as duas latas de milho. Ofereci-lhe uma.

— Não é quase nada, mas vai nos manter vivos. Ao menos, até amanhã!

— Obrigado. — Ele respirou com dificuldade. Piscou lentamente. Olhou-me nos olhos e explicou: — Eu... eu... Para mim, vocês eram as escolhidas de Deus, eram as abençoadas para povoar um mundo novo, com pessoas limpas e saudáveis. Eu queria mesmo que a Terra Pometida virasse verdade.

Eu não disse nada. Tive vontade de perguntar se, para ele, era certo ter transformado as pessoas em alimento. Não perguntei. Pela primeira vez, pensei: "Se nada mais podia servir de alimento na Terra, que alternativa nos restava?" Enfim, não prolonguei conversa. Não emoldurei palavras. Que o assunto ficasse para outra hora.

No dia seguinte, ao piscar meus olhos, abrir meus lábios e chamar por ele, tive como resposta, o silêncio. Desde então, sozinha outra vez, caminhei. Arrastei meu corpo com extrema dificuldade. Percorri a solidão da Terra e a minha também. Quatro dias. Foram quatro dias. Não sei como aguentei. Comi, de maneira fracionada, metade do pacote de bolachas (a outra metade era puro bolor). Estiquei a fome o quanto pude e o meio pacote durou dois dias. Estou sem comer, portanto, há dois. E há um dia os bebês choram e choram.

Eu, nesse tempo presente, choro com eles.

Choro porque estou exaurida. Perdida. Não sei o que fazer. Choro porque o meu leite secou e não há solução. Meu seio, talvez em razão da minha fraqueza, inanição, desidratação, está seco feito poeira.

Não encontrei comunidade vegana alguma. Provavelmente, o Messias estivesse com a razão. Era mesmo uma bobagem acreditar na tal comunidade.

Estou perdida, no meio do nada, numa Terra destruída, inóspita, condenada. Estou com os dias, ou as horas contadas, sei disso. Penso que poderia resistir se comesse alguma vegetação. Sou imune ao vírus, não sou? Acho que ainda sou. Estou ansiosa, com medo de o Messias ter-me contaminado, a despeito da minha imunidade. Como a certeza é algo impossível, não posso me arriscar. Não posso permitir que Samuel, sangue do meu sangue, carne da minha carne; o meu menino, o último – ou o primeiro homem, feito Adão – morra. Não vou permitir que ele e Lilith morram. Eles, saudáveis que estão, são a esperança para uma nova vida. São o fim, mas também o começo. São, quem sabe, a resposta de Deus para a salvação que possa vir. Mas são, e continuarão a ser a esperança, apenas se sobreviverem. Não posso, como eu disse, arriscar.

Não tenho leite. Não posso alimentá-los com o meu líquido. Não posso dar-lhes nada da Terra.

A Bíblia ensina que é proibido comer qualquer coisa que ainda tenha sangue. Que a alma das coisas vivas está no sangue. Acontece que não tenho escolha. Como eu disse, não tenho leite. Não posso dar-lhes nada da Terra. Mas posso, se forças eu tiver, mastigar pedaços. Desse modo, posso dar a eles...

... a minha própria carne.

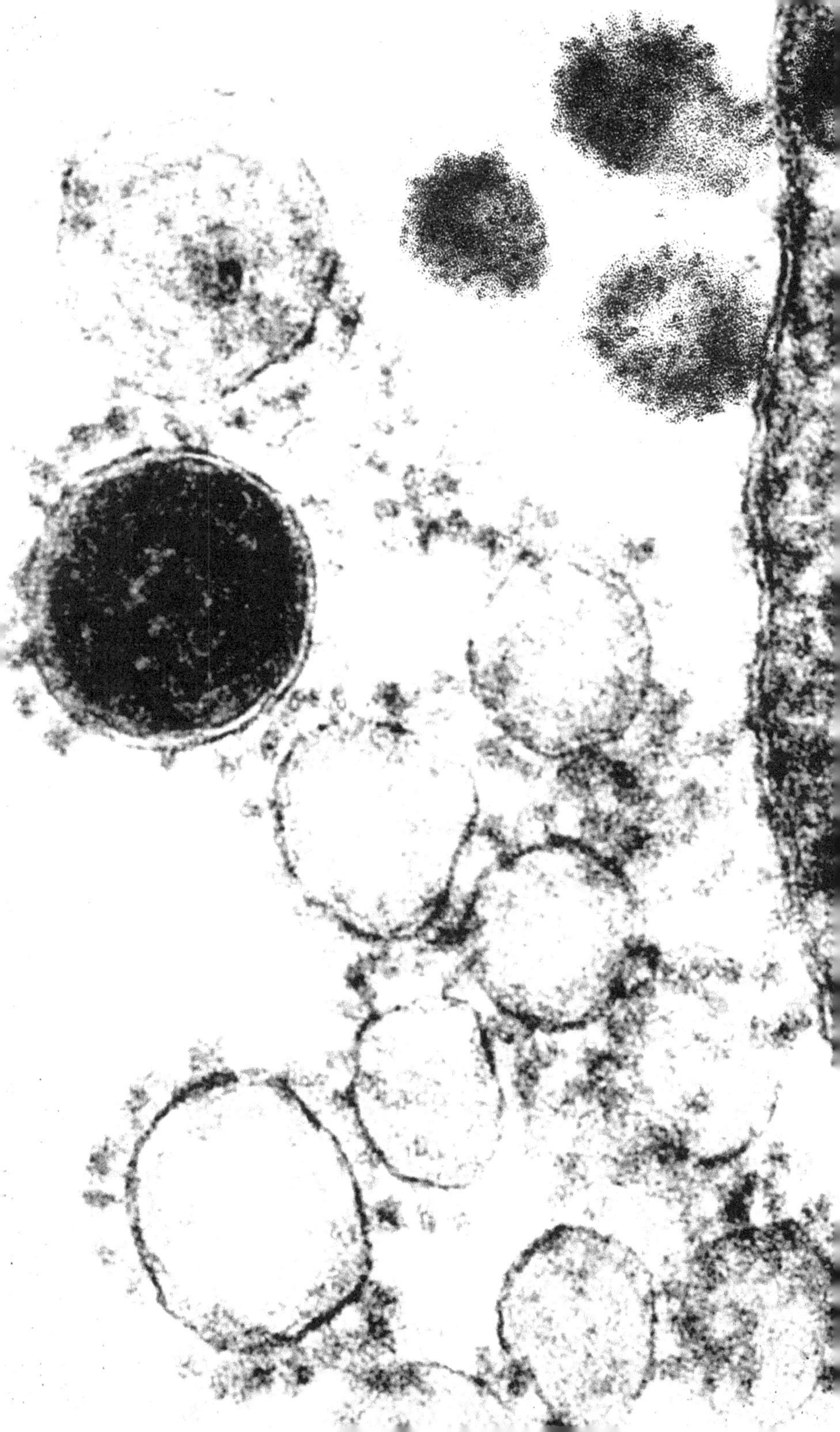

Notas:

1 Gênesis 2:5-7.
2 Gênesis 3:18-19.
3 Tiago 5:14-15.
4 Apocalipse 4:1-4.
5 Gênesis 3:23.
6 Eclesiastes 3:1-3.
7 Gálatas 5:16.
8 Salmos 127:3.
9 Mateus 19:14.
10 Marcos 10:16.
11 Deuteronômio 28:53.
12 Mateus 24:7,8.